AF727188

Musik im Blut, 1934

Friedemann Beyer

SCHÖNER ALS DER TOD

Das Leben der Sybille Schmitz

belleville

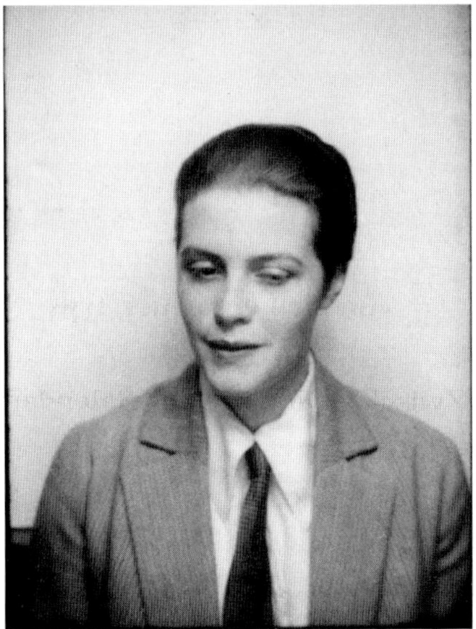

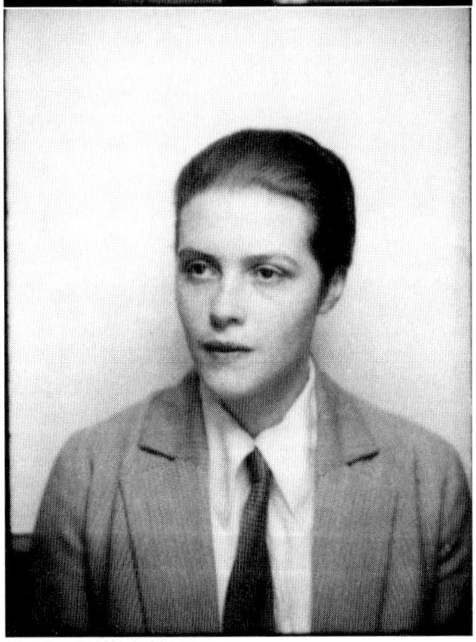

Alle Rechte vorbehalten
Zweite, verbesserte Auflage
© 1998 belleville Verlag Michael Farin
Hormayrstraße 15 · 80997 München
Lithos: Repro Bayer, München
Satz : edv+text · E. Mangasser, Mering
Druck/Bindung: Steinmeier, Nördlingen

ISBN 3-923646-72-0

»Sie war süchtig nach Arbeit,
süchtig nach Liebe, nach Leben.«

Beate von Molo

VORWORT

Als ich mich vor zwanzig Jahren für die Ufa und ihre Stars zu interessieren begann, entdeckte ich unter den glatten Salondamen, den patenten Mädels oder den tanzwütigen Revuegirls das Gesicht einer Schauspielerin, das herausfiel, sich der Zuordnung entzog.

Dieses ungewöhnliche Gesicht mit seinen klaren, herben Zügen, seinem scheuen Blick und dem stets etwas traurigen Mund umgab ein Hauch von Fremdheit, von Einsamkeit, die etwas mit seiner androgynen Schönheit zu tun haben mochte, jedenfalls in krassem Widerspruch stand zum eher gewöhnlichen Namen der Schauspielerin.

Sybille Schmitz: das hat etwas von Lieschen Müller und klingt beinah wie Ironie für diese einzigartige Frau, über die ich anfangs wenig erfuhr: daß sie bisexuell war, mit Goebbels aneinander geriet, in den 50er Jahren beruflich wie privat scheiterte und schließlich Selbstmord beging. Meine Neugier war geweckt. Wo immer ich jemand traf, dem der Name Sybille Schmitz etwas bedeutete, stieß ich auf Begeisterung, schwärmerische Verehrung. Und Unverständnis, daß diese Frau heute so vergessen ist. Mehr als drei Dutzend Filme hat Sybille Schmitz zwischen 1928 und 1954 gedreht, die Hälfte davon als Hauptdarstellerin. Mit prominenten Partnern wie Hans Albers, Heinz Rühmann oder Willy Birgel. Und unter Regisseuren wie Georg Wilhelm Pabst, Frank Wysbar oder Herbert Selpin.

In ihrer erfolgreichsten Zeit bekam Sybille Schmitz ebenso hohe Tagesgagen wie etwa die Superstars Lilian Harvey oder Marika Rökk. Doch schon damals erreichte sie deren Popularität nicht annähernd.

Obwohl sie auf dem Höhepunkt ihrer Karriere jährlich bis zu sechs Filme drehte, blieb sie Außenseiterin, findet sich in den alten Filmillustrierten relativ wenig über Sybille Schmitz. Und fast nichts, was Aufschluß über ihr Privatleben geben würde, das sie abschirmte. Vielleicht war es eine Frage ihres diskreten Naturells, daß um Sybille Schmitz stets etwas wie ein Geheimnis war.

Ein weiterer Grund dafür, daß Sybille nie so populär wurde, wie manche der unbegabteren Kolleginnen, liegt in ihrer unverhohlenen Abneigung gegenüber dem Dritten Reich und dessen Führung.

Sybille hatte eine Reihe jüdischer Freunde und Kollegen, für die sie sich einsetzte, als ab 1933 deren Ausgrenzung begann. Das trug ihr bei den Nazis den Ruf der politischen Unzuverlässigkeit ein. Bei Goebbels, der als ›Schirmherr des deutschen Films‹ ihr oberster Chef war, kam persönliche Abneigung hinzu.

Entgegen Sybilles späterer Behauptung läßt sich aber ein durch Goebbels verhängtes Berufsverbot gegen sie nicht nachweisen. Daß es dennoch zuweilen schwierig war, Sybille Schmitz zu besetzen, lag auch am favorisierten Genre der Ufa unterm Hakenkreuz: in den harmlosen Unterhaltungsfilmen wirkte das ernste, abgründige Wesen dieser Schauspielerin wie ein störender Schatten.

Sybille Schmitz, die in den 30er Jahren als die schönste Frau des deutschen Films galt, war weder das süße Mädel einer Magda Schneider, noch die Femme Fatal einer Zarah Leander, noch die Grande Dame einer Olga Tschechowa oder Lil Dagover. Sie war nicht die Opferfrau einer Kristina Söderbaum und auch nicht die kumpelhafte Landserbraut einer Ilse Werner.

Sybille Schmitz gehorchte keinem Typ. Sie war vor allem sie selbst. Eine Schauspielerin mit einer starken, unverwechselbaren Eigenart. Ihr Gesicht, ihre Gesten, ihre Sprache: alles an dieser Frau verriet den Charakter eines außergewöhnlichen Menschen. Dies ist anhand der Filme, die weitgehend erhalten sind und zur Grundlage dieser Biografie wurden, leicht nachvollziehbar. Schwieriger wird es mit der privaten Seite. Hier stößt man auf Widersprüche, auf Legendenbildung, die Sybille zum Teil bewußt gefördert hat. Zu dieser Mystifizierung beigetragen hat nicht zuletzt R. W. Fassbinders 1981 entstandener Film DIE SEHNSUCHT DER VERONIKA VOSS, der in sehr freier Manier an das Schicksal der späten Sybille Schmitz erinnert und dabei Verbürgtes und Fiktion bedenkenlos mischt.

Immerhin wäre die Absicht dieses Buches erfüllt, wenn es ihm gelingen würde, Leben und Werk dieser ebenso schönen wie tragischen Erscheinung dem Leser nahezubringen und ins rechte Licht zu rücken.

Köln, im November 1997 Friedemann Beyer

EIGENE WEGE

Dreißig Kilometer westlich von Köln, an der Bahnstrecke nach Aachen, liegt die Kreisstadt Düren. Ein gesichtsloser Ort, knapp 100 000 Einwohner groß, mit der üblichen Mischung aus buntem Kommerz, Fußgängerzonen und Industriegebieten.

Im Stadtzentrum klaffen weite, kahle Flächen, steht kaum mehr ein altes Haus. Es dominiert die sogenannte Moderne der 50er Jahre mit ihren nüchtern-quadratischen Zweckbauten zwischen breiten Verkehrsschneisen für die autogerechte Stadt. Eine Provinzmetropole wie vom Reißbrett, wäre nicht der Wildwuchs von später hinzugekommenen Möbelmärkten und Billigtankstellen, die den Eindruck der Monotonie nur unterstreichen.

Bis zu seiner Zerstörung durch einen Tagesangriff alliierter Bomber am 16. November 1944 bot Düren das Bild einer mittelalterlichen Stadt mit engen Gäßchen, beschaulichen Plätzen und kostbaren Bürgerhäusern, überragt von den Türmen der (gotischen) St. Anna- und Marienkirche, die ebenfalls vernichtet wurden.

Aus dem alten Kern heraus führte, in Verlängerung des am Rathaus gelegenen Marktplatzes, die Oberstraße: eine Verbindungsachse zur südlichen Vorstadt, die, nach Schleifung der Stadtmauer, gegen Ende des 19. Jahrhunderts als »besseres Viertel« entstanden war. Hier, in der Oberstraße 93, wurde am 2. Dezember 1909 Sybille Maria Christine Schmitz geboren. Der Vater, Joseph Schmitz, war gelernter Konditor, die Mutter Anna, geborene Dahmen, stammte aus der Familie eines Matratzenfabrikanten in Birkesdorf, einem Vorort. Joseph und Anna Schmitz hatten im Januar 1909 geheiratet, Sybille war das erste Kind. Ein Kind, das in aufstrebende Verhältnisse kam.

Seit mehr als fünfzig Jahren durchlebte Düren eine beispiellose wirtschaftliche Blüte. Anfang des 17. Jahrhunderts war in der Region die erste Papiermühle gegründet worden. Knapp 200 Jahre später gab es davon bereits zehn, daneben vier Tuchfabriken und eine Reihe metallverarbeitender Betriebe. Der Durchbruch zu einem der wichtigsten Wirtschaftszentren Deutschlands kam mit der industriellen Revolution: Papier- und Textilfertigung wurden auf Maschinen umgestellt, die wiederum in Düren gefertigt wurden.

Das Geburtshaus

In den Jahren nach der Reichsgründung, die einen weiteren Wachstumsschub brachte, stieg Düren zur (gemessen an der Einwohnerzahl) reichsten Gemeinde Deutschlands auf. Unter den 32 000 Menschen, die 1910 im Stadtgebiet leben, gibt es 42 Millionäre. Einige von ihnen dürften damals an der Oberstraße gewohnt haben, die von prachtvollen klassizistischen Villen mit großen Vorgärten gesäumt wurde.

In der Oberstraße 93 (heute Nr. 63) befand sich seit 1907 das Café Schmitz: eine Filiale der alteingesessenen, im Stadtzentrum gelegenen Konditorei Schmitz, die für ihre Cremeschnittchen und Pflaumenkuchen berühmt war und Sybilles Großmutter, der Witwe Jacob Schmitz', gehörte, ebenso wie das gesamte Haus in der Oberstraße, das Sybilles Eltern seit ihrer Hochzeit bewohnten.

Der Vater Joseph Schmitz hatte sein Handwerk im elterlichen Betrieb erlernt und bei großen Konditoreien in Leipzig, Dresden und Wien verfeinert, ehe er nach Düren zurückkehrte und heiratete. Ein großer, stattlicher Mann, der als kontaktfreudig und großzügig galt und gern im Mittelpunkt stand. Eigenschaften, die ihm schon vor der Ehe den Ruf eines Lebemannes eingetragen hatten und später gelegentlich zu Krächen mit seiner Frau führten. Sybilles Mutter, Anna Dahmen, scheint dagegen eher zurückhaltend gewesen zu sein. Sie hatte als Kind eine Klosterschule im fränkischen Lohr am Main besucht und dort u. a. Klavier- und Gesangsunterricht genommen. Streng katholisch, legte sie Wert auf Anstand, gute Manieren, Bildung. »Sie war intelligent und kultiviert, aber nicht die leidenschaftliche Frau, die mein Vater sein Leben lang gesucht hat«, berichtet Sybilles Bruder Fritz. »Dafür war sie tief religiös und fand ihre Erfüllung im Gebet.«

1913 zog die Familie, etwas weiter stadtauswärts, in eine größere Wohnung an der Zülpicher Straße 11; im Jahr zuvor war Sybilles Schwester Christel zur Welt gekommen. Eine weitere Schwester (Agnes *1914) und zwei Brüder (Fritz *1916 und Willi *1921) folgten.

Was erlebt ein dreijähriges Mädchen, das in die ausgehende Blütezeit des Kaiserreichs hineingeboren wurde? Eine Zeit, die sich, fern von Berlin, auch in einer westdeutschen Provinzstadt durch hektisches Gründungsfieber bemerkbar macht: Staubstraßen werden asphaltiert, neue Viertel angelegt. Ein neues städtisches Krankenhaus wird feierlich eröffnet, ein neuer Wasserturm in Betrieb genommen, ein Verein zur Veranstaltung von Konzerten im Stadttheater gegründet, der Bau einer städtischen Badeanstalt beschlossen, ein städtisches Wohlfahrtsamt ins Leben gerufen. Das neuerbaute Warenhaus Tietz wird bezogen, die Straßenbahn auf elektrischen Betrieb umgestellt. Und immer wieder überfliegen Zeppeline und andere Flugmaschinen die Stadt.

Im Juni 1913 feiern die Bürger das silberne Regierungsjubiläum Kaiser Wilhelms II. mit einem Fackelzug. In der Peripherie entstehen große Kasernen, nachdem, auf ausdrücklichen Wunsch der Stadtverordnetenversammlung, Düren zum Garnisonsstandort wird. In den ersten Augusttagen des folgenden Sommers vermerkt die Chronik: »Starker Verkehr in der Stadt. Vaterländische Erregung gibt sich in Zuversicht und Begeisterung kund.«

Am 1. 8. 1914 war der Erste Weltkrieg ausgebrochen. Auch Sybilles Vater wurde eingezogen und kam als Soldat an die französische Westfront, wo er fast den gesamten Krieg über blieb. Die Konditorei wurde von Sybilles geschäftstüchtiger Großmutter alleine weitergeführt. Als sie zwei Jahre später starb, übernahm ihr Schwiegersohn den Betrieb. Sybilles Vater, der an der Front stand und sowieso andere Pläne verfolgte, erhielt einen beträchtlichen Erbanteil. Aus dem Café Schmitz wurde das Café Lenzen. Zur gleichen Zeit kam Sybille in die Volksschule. Nur einen Steinwurf von der Wohnung an der Zülpicher Straße entfernt lag die Südschule, ein Gebäude, das durch den großen Zuwachs geburtenstarker Jahrgänge aus allen Nähten platzte, obwohl erst kurz zuvor vier neue Klassenräume angebaut worden waren. Viele Dürener Kinder bekommen inzwischen die Auswirkungen des Krieges am eigenen Leib zu spüren: täglich werden etwa 300 von ihnen, die an Unterernährung leiden, von der Volksküche gespeist. Die sechsjährige Sybille dürfte kaum darunter gewesen sein.

Die Versorgungslage in der Stadt wurde zwar zunehmend schwieriger, doch die Erbschaft der Großmutter und die wohlhabenden Großeltern mütterlicherseits werden dafür gesorgt haben, daß die Rumpf-Familie nicht hungern mußte.

Auf den Vater war in diesen vier Kriegsjahren nicht zu zählen. Sybille durfte froh sein, wenn er alle paar Monate zu Besuch kam und immer noch unverwundet war. Und sie konnte heilfroh darüber sein, daß der Vater nicht in jenem mit Fronturlaubern vollbesetzten Zug saß, der am

11. Dezember 1917, gut eine Woche nach ihrem achten Geburtstag, im Bahnhof Düren stand und bei dichtem Nebel von einem durchfahrenden Schnellzug gerammt wurde. Es gab 23 Tote und 37 Schwerverletzte. Tod und Verwüstung auch am vierten Jahrestag des Kriegsausbruchs: am 1. August wird Düren von feindlichen Fliegern angegriffen, die zwei Dutzend Bomben abwerfen. 16 Menschen sterben, ebensoviele werden verletzt.

Der Krieg geht verloren, da hilft auch die neue Sirenenanlage nichts, die künftig bei Fliegeralarm die Kirchenglocken ersetzen soll. Im November 1918 schwappen Revolutionsunruhen nach Düren über. Es kommt zu Massendemonstrationen von Arbeitern und heimgekehrten Soldaten. Kasernen, Geschäfte und Villen der Stadt werden geplündert. Auch Sybilles Vater ist wieder zu Hause.

Die elterliche Konditorei gehört inzwischen seinem Schwager, also macht er sich selbständig und gründet einen Süßwarengroßhandel.

Durch das ererbte Vermögen seiner Mutter kann Joseph Schmitz aus dem Vollen schöpfen. Er zieht mit der Familie wieder zurück in die Oberstraße, wo er das Anwesen Nr. 117 erwirbt: eine geräumige Villa, umgeben von einem Garten mit altem Baumbestand und einem rückwärtigen, zweigeschossigen Anbau für die Firma. Er sieht sich gerne in der Rolle des Großkaufmanns und Gönners, pflegt einen großbürgerlichen Lebensstil mit erlesener Einrichtung, Hauspersonal, Automobil und eigenem Chauffeur.

Sybille besucht inzwischen das Katholischen Lyzeum an der Tivolistraße. »Sie war ein großes, schlankes Mädchen mit anmutigen Bewegungen und melancholischen Augen, das uns in ihrer geistigen Entwicklung weit voraus war«, erinnert sich eine damalige Mitschülerin. »Zu Gleichaltrigen hatte sie wenig Kontakt. In der Pause ging sie zu den Kleinen, mit denen sie Kreis- und Reigenspiele machte. Sie nahm das sehr ernst und wurde dafür von ihren jungen ›Fans‹ geliebt. Uns älteren vermittelte sie den Eindruck, unverstanden zu sein.«

»Sie ging ihre eigenen Wege«, bestätigt eine andere Klassenkameradin. »Als wir einmal zu einem Schulgottesdienst mußten, setzte sie sich heimlich ab und guckte sich lieber die Schaukastenfotos des U.T.-Kinos an der Wirtelstraße an. Sie redete von nichts anderem als vom Film, und daß sie Schauspielerin werden wollte. Wir lachten darüber.«

Joseph und Anna Schmitz

Zum Lebensstil einer großbürgerlichen Familie gehörte es, die Kinder im Internat erziehen zu lassen. Wahrscheinlich trug aber ein anderer Grund dazu bei, daß Sybilles Eltern beschlossen, die älteste Tochter auf die gleiche Klosterschule zu schicken, auf der auch die Mutter schon gewesen war: von klein auf eher introvertiert, litt Sybille unter der Dominanz ihrer lebhaften jüngeren Schwestern, neben denen sie sich, wie sie einmal gestand, als das »häßliche Entchen« fühlte. Ob begründet oder nicht: Minderwertigkeitsgefühle werden Sybille ihr Leben lang begleiten und später dramatische Konsequenzen haben. Den Eltern mag es geboten erschienen sein, ihrer Tochter durch eine soziale Luftveränderung zu mehr Selbstbewußtsein zu verhelfen.

Im September 1920, mit Beginn des neuen Schuljahres, besucht Sybille Schmitz die Klosterschule in Lohr am Main. In dem mittelalterlichen Städtchen am Fuß des Spessart, auf einer Linie zwischen Aschaffenburg und Schweinfurt gelegen, existierte seit 1863 ein Frauenkloster der Dillinger Franziskanerinnen mit angeschlossenem Schulbetrieb. Das Haus, ein langgestreckter, roter Sandsteinbau unmittelbar hinter der nördlichen Stadtmauer, steht heute noch, und obwohl es inzwischen die Verwaltung eines benachbarten Stahlwerks beherbergt, läßt sich anhand seiner sakralen Stilelemente unschwer die ursprüngliche Bestimmung erkennen.

Es braucht nicht viel Phantasie, um nachzuvollziehen, daß sich die zehnjährige Sybille schwer damit tat, aus der durch die Mutter religiös geprägten, doch sonst rheinisch-liberalen Atmosphäre ihres Elternhauses in die Enge eines abgelegenen, fränkischen Klosters zu wechseln. Lohr war eine 5 000-Seelen-Gemeinde, die, abgesehen von gelegentlichen Filmvorführungen im Nebenzimmer der Gaststätte »Bayerischer Hof«, wenig an Abwechslung bot. Und Würzburg, die nächstgrößere Stadt, liegt 45 Kilometer weit. Bleibt nur das Internatsleben mit seinen strengen Regeln, seinen Pflichtfächern. Immerhin gibt es eine Schultheatergruppe, der sich Sybille anschließt und in der sie bald begeistert mitmacht. Hier entdeckt sie ihr mimisches Talent, probiert sich in verschiedenen Rollen aus, darf sich hinausträumen aus dem klösterlichen Knast.

Das Schultheater wird in der kommenden Zeit fester Bestandteil ihres Lebens. Nur auf der Bühne kann sie sich freimachen von ihrer Befangenheit, nur hier spürt sie sich wirklich. Im Unterricht dagegen wirkt sie abwesend, im Umgang mit anderen scheu.

Zwei Jahre später kommt Sybilles Schwester Christel nach Lohr. Christel bewundert die große Schwester. Sie tanzt gerne, möchte, wie Sybille, gerne zum Theater. Sybille ist das nicht so recht. Männliche Rollen in den Stücken werden selbstverständlich mit Mädchen besetzt. Sybille eignet sich gut dafür. Ihre körperliche Entwicklung setzt früh ein. Sie wird groß und schlacksig, ein knabenhafter Typ. In den Ferien fährt sie nach Hause. Hier gibt es Veränderungen. Der Süßwarenhandel, den ihr Vater seit Kriegsende mit einem seiner Brüder betrieb, hatte sich als unrentabel herausgestellt; die Konkurrenz war offenbar zu groß. Also sattelte Joseph Schmitz erneut um und gründete, angeregt durch das Vorbild seines Schwiegervaters, eine eigene Matratzenfabrik. Doch als im Januar 1923 französische Truppen das Rheinland besetzen und Zollschranken zu den deutschen Restprovinzen errichten, wird die Firma von ihren Hauptabsatzmärkten in der Pfalz getrennt. So bricht auch dieses Geschäft zusammen. Sybilles Vater ist damit nicht allein. Düren, die Stadt der Millionäre, zählt inzwischen 15 000 Arbeitslose. Es kommt zu Streiks und Sabotageakten gegen die Besatzer. Bürgerkriegsähnliche Zustände drohen: Bei Straßenschlachten, die im November 1923 zwischen rheinischen Separatisten und Reichsdeutschen ausbrechen, gibt es Tote und Verletzte.

Sybille steht kurz vor ihrem vierzehnten Geburtstag. Die Veränderungen, die sie jetzt an ihrem Körper beobachtet und die einhergehen mit plötzlichen Gefühlsregungen, verwirren sie in der Enge des Mädchenstiftes von Lohr. Das andere Geschlecht kommt in dieser Welt nicht vor. Und der blutig geschundene Männerkörper am Altarkreuz der Klosterkapelle wirkt auch nicht gerade einladend. Bleiben die Wunschträume von Begegnungen mit fernen, sinnlichen Lichtgestalten. Oder, als Ersatz, flüchtige Berührungen im Duschraum, heimliche Besuche nachts im Schlafsaal. Sybilles herber Typ fällt auf. Er beflügelt die Phantasie von Mitschülerinnen, die weiblicher angelegt sind als sie. Sybille spürt dies und genießt es, bewundert zu werden. Ihre Einsamkeit vergißt sie nie.

Nach den Weihnachtsferien 1923/24 kehrt sie nicht mehr nach Lohr zurück. »Schade um das Mädchen«, soll die Oberin des Klosters Sybilles

Erstkommunion

Familie Schmitz in Köln (ca. 1925)

Abgang kommentiert haben. Auch Sybilles Schwester Christel verläßt kurz darauf das Internat. Vermutlich können sich die Eltern die Kosten nicht mehr leisten. Nach dem Ende seiner Matratzenfabrik und dem Verlust seines Geldvermögens durch die Inflation von 1923 muß Joseph Schmitz für seine siebenköpfige Familie dringend eine neue wirtschaftliche Existenz finden. Eine seiner Schwestern hatte einen reichen Holländer geheiratet. Mit Hilfe dieses Schwagers wollte er ein Dürener Kino übernehmen, das zum Verkauf stand. Doch das Vorhaben zerschlug sich, der Schwager war nicht bereit, den Theaterleiter extra zu honorieren. So blieb Joseph Schmitz nichts anderes übrig, als die Villa an der Oberstraße zu verkaufen. Er bekommt 100 000 Reichsmark dafür. Das entspricht einem heutigen Wert von ca. 2 Millionen; der Stundenlohn eines Arbeiters liegt damals bei 38 Pfennig.

Im Sommer 1925 zieht Familie Schmitz nach Köln.

In der Domstraße 46, unweit des Hauptbahnhofs, wird eine geräumige Mietwohnung bezogen, die jedoch deutlich bescheidener ausfällt als die Dürener Villa, deren Möbel eingelagert sind.

Zwei Straßen weiter versucht sich Sybilles Vater in einem neuen Gewerbe: er wird Gastwirt, eröffnet am Eigelstein, einer Straße von urkölschem Milieu, das »Eigelstein-Casino«. Inmitten des eher schlichten Charmes der Gegend war das Lokal etwas für gehobene Ansprüche. Es bot eine Mischung aus Restaurant, Tanzcafé und Kabarett. Anders als in typischen Kölsch-Kneipen wurde man hier an gedeckten Tischen von Kellnern (statt von Köbessen) bedient. Bis morgens um drei konnte man essen, trinken und tanzen oder wöchentlich wechselnde Unterhaltungsprogramme verfolgen, in denen Mundart-Originale mit Sketchnummern auftraten. Das Geschäft brummt.

Und Joseph Schmitz ist in seinem Element: hier kann er im Mittelpunkt eines stattlichen Betriebes stehen und sein leutseliges Temperament ausleben. Er genießt seine Rolle als Gastronom, repräsentiert mit seiner großen Belegschaft, sitzt gerne bei seinen Gästen und zeigt sich spendabel. Den Volksschullehrer von Sybilles Bruder Fritz, der abends regelmäßig im »Eigelstein-Casino« seinen Dämmerschoppen trinkt, hält er frei. Durch den ständigen Ausnahmezustand, den der Lokalbetrieb mit sich bringt, findet zu Hause kaum mehr ein geregeltes Familienleben statt.

Als Älteste wird Sybille von ihrer Mutter angehalten, Verantwortung zu übernehmen. Sie soll mit ihrem kleinen Bruder Willi spazierengehen. Aber sie hat andere Interessen. Also nimmt sie Willi, kauft eine Tüte Bonbons und geht mit ihm ins Kino. Manchmal sieht sie sich hintereinander drei Vorstellungen an. Wenn Willi durch sein Plappern stört, stopft sie ihm Bonbons in den Mund.

Auf Wunsch ihres Vaters besucht sie inzwischen die Handelsschule. Danach beginnt sie, für 40 Mark Monatsgehalt, bei einer Hausverwaltung zu arbeiten. Noch immer kennt sie nur ein Ziel: sie möchte Schauspielerin werden. Sie weiß, daß ihre Eltern dagegen sind, ihr niemals eine Ausbildung bezahlen würden. So beginnt sie, dafür zu sparen. Als sie 200 Mark zusammen hat und aus der Zeitung erfährt, daß die Schule des Kölner Schauspielhauses neue Bewerber sucht, meldet sie sich zum Vorstellungsgespräch. Dort wird ihr eröffnet, daß die Ausbildung mit 400 Mark das Doppelte kostet. Sie fragt nach einem halben Freiplatz und erfährt, daß alle Freiplätze bereits vergeben seien. Trotzdem erscheint sie zur Aufnahmeprüfung.

Sie spricht den Schlußmonolog aus Heinrich von Kleists »Penthesilea«.

Und dann macht Sybille eine Erfahrung, die sie im Lauf ihrer Karriere wiederholt machen muß: Sie stößt auf Ablehnung, weil sie in kein vorgegebenes Rollenschema paßt. Für die Mehrheit der dreizehnköpfigen Prüfungskommission paßt Sybilles Stimme nicht zu ihrem Äußeren, das Gesicht nicht zur Figur und überhaupt sei sie für ihr Alter zu groß und dürr. Ihr Typ fällt durch alle Raster, entspricht weder dem Bild einer Heldin, noch dem einer Salondame. Sie ist keine Naive und erst recht keine Sentimentale. Einzig eine Frau aus dem Gremium widerspricht: »Von allen Mädels, die sich hier gemeldet haben, ist diese hier entschieden die begabteste!« Es ist die Kölner Schauspielerin Louise Dumont (1862–1936), die in Berlin unter Otto Brahm und Max Reinhardt als Ibsen-Darstellerin berühmt geworden war und der Auswahljury vorsitzt. Ein Streit bricht los, die Kollegen wollen dieses Urteil nicht gelten lassen. Erst als die Jurypräsidentin mit ihrem Rücktritt droht, fügt sich die Mehrheit. Sybille wird aufgenommen und erhält sogar einen halben Freiplatz. Zwei Wochen später bekommt Sybille von ihrem Lehrer, der zugleich am Schauspielhaus Regie führt, eine kleine Rolle in einem Drama angeboten. Das erweckt den Neid älterer Kolleginnen.

Nachdem sie bald darauf für einen größeren Part in einer Neuinszenierung bestimmt wird und zur ersten Probe erscheint, bricht offene Rebellion gegen sie aus. Ihr Lehrer versucht zu schlichten, doch Sybille läßt sich auf keine Kompromisse ein und beendet, nach nur drei Monaten, die Ausbildung.

Ihr Lehrer rät ihr noch, etwas Gymnastik zu treiben, um ihre Bewegungen geschmeidiger zu machen, ansonsten empfehle er ihr, gleich in die Praxis zu gehen. Das ist in ihrem Sinne. Und sie will raus aus dieser Provinz, wo kleinliche Neider sie nicht hochkommen lassen wollen. Mit geborgten hundert Mark und einer Empfehlung in der Tasche macht sich Sybille im Herbst 1927 auf nach Berlin.

Als Leóne in *Vampyr*, 1932

»ACH KÖNNT' ICH DOCH STERBEN!«

Als sie, mit dem Zug aus Köln kommend, spätnachmittags zwischen 6 und 7 in Berlin eintrifft, am (Fern)Bahnhof Zoo aussteigt und einen ersten Bummel durch die Straßen rund um die Gedächtniskirche unternimmt, kann Sybille ähnliche Eindrücke sammeln wie der Autor eines damals frisch erschienenen Berlin-Buches: »... die Straßen wimmeln, die Konditoreien und Cafés sind überfüllt, vor den Kinos stehen die Menschen Schlange, in den Geschäften herrscht Hochbetrieb, denn hier beginnt das ›Shopping‹ erst nach fünf Uhr, und vor den Portalen der Tanzdielen geben die goldbetreßten Portiers die bedauerliche Auskunft ›überfüllt‹. (...)

Der ganze Kurfürstendamm gleicht einem aufgeregten Ameisenhaufen, während die Fassaden der Häuser in dem schillernden Glanz der Lichtreklamen schimmern.« (Eugen Szatmári: »Berlin – Was nicht im Baedecker steht«, 1927).

Sybille ist nicht auf gut Glück nach Berlin gekommen. Sie hat ein Empfehlungsschreiben Louise Dumonts an den Schauspielagenten Otto Mertens dabei, der sich ans Telefon hängt und ihr ein Vorstellungsgespräch bei einer Bühne verschaffen wird. Die Auswahl ist groß: Berlin zählt in diesem Jahr – neben drei Opernhäusern – 49 Theater. Das renommierteste von ihnen – und damit das renommierteste der Republik – ist das Deutsche Theater unter Max Reinhardt. Reinhardt, dessen Inszenierungen regelmäßig zu kulturellen Großereignissen werden, ist die unbestrittene Nummer eins des deutschsprachigen Theaters der 20er Jahre.

Der Name Reinhardt steht zugleich für den größten privatwirtschaftlich betriebenen Theaterkonzern der Welt: neben Berliner Reinhardt-Bühnen wie Deutsches Theater, Kammerspiele, Großes Schauspielhaus oder Komödie am Kurfürstendamm gehörten das Wiener Theater in der Josefstadt, das Schönbrunner Schloßtheater oder die Theater der von ihm begründeten Salzburger Festspiele zu seinem Imperium, das ohne staatliche Subventionen auskam. Zahllose Schauspieler und die später bekanntesten Namen der Ufa arbeiteten für Reinhardt oder hatten bei ihm gelernt: Conrad Veidt, Werner Krauss, Emil Jannings, Heinrich George, Hans Albers, Heinz Rühmann, Elisabeth Bergner, Lil Dagover,

Marlene Dietrich, Marianne Hoppe, Brigitte Horney, Ilse Werner oder Paula Wessely.

Reinhardts Stammsitz war das Deutsche Theater mit den daneben befindlichen Kammerspielen in der Berliner Schumannstraße, nahe der Charité. Die beiden berühmtesten Bühnen Deutschlands lagen, samt Proberäumen und Ateliers, versteckt im Hinterhof eines Mietshauses und waren nur durch zwei tunnelartige Ein- und Ausfahrten erreichbar.

Hier erschien Sybille Schmitz zu einem Vorstellungsgespräch, das der Agent ihr kurzfristig besorgt hatte. Ob Max Reinhardt das 17jährige Nachwuchstalent persönlich empfing, ist eher unwahrscheinlich. Hierfür gab es Regieassistenten oder Dramaturgen. Davon abgesehen dürfte Reinhardt (sofern er nicht schon unterwegs war) mit den Vorbereitungen zu einer zweieinhalbmonatigen USA-Tournee beschäftigt gewesen sein, die Mitte November in New York begann und acht Inszenierungen vorsah.

Wer von den vielen Mitarbeitern Reinhardts es immer gewesen sein mag, dem Sybille Schmitz an diesem Tag Auszüge aus »Salome« und der »Jungfrau von Orleans« vorsprach: sie kommt damit an.

Sie kann Sätze dehnen und ihnen eine Eindringlichkeit geben, die aufhorchen läßt. Dann wieder spult sie einen Text atemberaubend schnell und prononciert ab. Sprache und Bewegungen dieser 17jährigen sind leicht kapriziös, ohne angestrengt oder gespreizt zu wirken. Sie gibt sich nicht so, sie ist so. Sie muß noch lernen, aber sie hat Eigenart.

Daß Sybille kaum eine Ausbildung hat und keinem bestimmten Rollenfach entspricht, paßt zum Stil des Hauses: Reinhardt selbst war nie auf einer Schauspielschule. Und Liebhaber, Naive oder komische Alte besetzt er in seinem Theater auch nicht. Bei ihm gibt es nur große oder kleine Rollen, Schauspieler, die einmal jung, ein anderes Mal alt sein können, die lachen und weinen können und dabei immer ihre Natürlichkeit behalten sollen. Gegen das Typische setzt Reinhardt das Individuelle, gegen Künstlichkeit das Authentische.

Ende 1927 wird Sybille Schmitz mit einem Dreijahresvertrag als Ensemblemitglied ans Deutsche Theater verpflichtet. Ihre Monatsgage beträgt 250 Reichsmark. In der Nassauischen Straße im bürgerlichen

Bezirk Wilmersdorf findet sie für 15 Mark monatlich ein Untermietszimmer bei (der jüdischen) »Mutter Scherk«.

Mit ihrem Gehalt kommt sie kaum über die Runden, kann sich die erste Zeit täglich nur einen Teller Suppe, einen Apfel und ein Stück Brot leisten. Dennoch ist sie glücklich, daß sie es auf Anhieb geschafft hat, an der bedeutendsten Bühne Deutschlands arbeiten zu dürfen.

Viel ist es freilich nicht, was sie anfangs zu tun hat. Im Januar 1928 debütiert sie am Deutschen Theater in »Bronx-Express«, einer von Heinz Hilpert inszenierten Komödie des russischen Autors Osip Dymow, mit einer »tragenden« Rolle: als Dienstmädchen mußte sie ein Tablett hereintragen und mit den Worten: »Der Tee ist serviert!« abstellen.

Das nächste halbe Jahr gestaltet sich ähnlich: es sind kurze Auftritte, die Sybille, meist als zweite Besetzung, absolviert. Aber sie lernt. Um ihre Bewegungen geschmeidiger zu machen, nimmt sie Unterricht bei der berühmten Tänzerin Mary Wigman. Und sie lernt das produktive Milieu der großen Reinhardt-Familie kennen, zu der auch sie sich jetzt zählen darf. »Auf dem ehrwürdigen Alt-Berliner Pflasterhof vor den beiden Theatern (...) standen immer Gruppen und Grüppchen von Schauspielern herum, ganz großen und ganz kleinen, von Stars und Anfängern, Prominenten von gestern und morgen, von Regisseuren und Bühnenmalern, Dramatikern oder deren Larven und Embryos. Hier wurde debattiert und gestritten, gespottet, geschimpft, gelacht, wurden neue Stücke besprochen – hier in diesem Hof und in dem stallähnlichen Eingang zu den Garderoben, der auch nach Stall roch, wehte Theaterluft, ein Hauch von jener vergangenen Komödiantengesellschaft, vor der man die Wäsche weghängt. Hübsche Frauen schritten vorüber, mancher Liebeshandel nahm hier seinen Anfang, mancher Freundschaftsbund wurde hier geschlossen«, erinnerte sich Carl Zuckmayer, der ein paar Jahre zuvor als Dramaturg ans Deutsche Theater gekommen war.

Sybille wird zu Premierenfeiern, Künstlerbällen und Atelierfeten eingeladen. Sie ist jung und schön, da interessiert es nicht, daß sie kaum Geld für ein Mittagessen hat. Überall wird getanzt, werden schnell Kontakte geknüpft. Das Berlin der Künstler, Schriftsteller und Journalisten erlebt den Rausch der späten 20er Jahre, und Sybille darf dabei sein. Sie genießt ihre Freiheit, genießt die Abwesenheit von katholischer Klostererziehung und Provinzmief. Statt dessen entdeckt sie die Welt der

Kellerbars, in denen Frauen mit Frauen tanzen, die wie Männer gekleidet sind. Sie nimmt aber nicht nur gerne, sie schenkt auch gerne. Manchmal verschenkt sie sich selbst.

Im Sommer 1928 steht Sybille für ihren ersten Film vor der Kamera: FREIE FAHRT! EIN FILM VOM ERWACHTEN MENSCHENRECHT. Ein Werbefilm für die SPD, abendfüllend, mit Spielhandlung. In drei Episoden, die 1880, 1905 und in der Gegenwart von 1928 spielen, sollte gezeigt werden, »welche sozialen Verdienste sich die Partei im Lauf der Zeit erworben hat auf dem Weg zu besseren, freieren Lebensbedingungen«, wie der *Vorwärts* schrieb.

Daß es damit zwanzig Jahre vorher nicht weit her war, sollte Sybille als schwangere Arbeiterfrau zeigen, die ihren Haushalt versorgen, ihr erstes Kind waschen, ihrem Mann das Frühstück richten muß – um anschließend in einer Buchbinderei zu schuften. Weil sie sich nicht mal als Hochschwangere schonen kann, stirbt die junge Frau bei der Geburt an Auszehrung.

Der Regisseur von FREIE FAHRT!, Ernö Metzner, stammte aus Ungarn und war, ähnlich wie Walter Ruttmann, von der Malerei über die Architektur zum Film gekommen. Stilistisch orientierte sich Metzner am experimentellen Charakter der »Russenfilme« von Eisenstein oder Wertow. Kleine, scheinbar isoliert beobachtete Details setzen sich durch Montage zu einem erzählerischen Ganzen zusammen: eine Fliege klebt an einem Leimtopf, Hände einer Frau an einer Nähmaschine, die junge, hochschwangere Sybille Schmitz, wie sie am Fenster der Buchbinderwerkstatt nach Luft schnappt. Als die Wehen einsetzen, unterschneidet Metzner die Handlung symbolhaft durch Bilder von einem kochenden Leimtopf, in dem große Blasen platzen.

Anfang Dezember 1928 wurde FREIE FAHRT! vor Mitgliedern des SPD-Parteivorstandes und geladenen Gästen uraufgeführt. Die Reaktionen waren geteilt. Ob es dem Film gelingen würde, neue Mitglieder für die SPD in der Provinz zu werben (wofür er ursprünglich gedacht war), stand für manchen Premierenbesucher dahin. Einhellig gelobt wurde dagegen Sybille: »Die Darstellung der Frau durch ein achtzehnjähriges Mädchen ohne Filmerfahrung hat zweifellos keinen geringen Anteil an diesem gelungenen Experiment. Ihr Name ist uns entfallen, aber zweifellos steht ihr eine große Zukunft bevor. Wie es ihr gelingt, gleichermaßen Resignation wie Kraft auszudrücken, das war einer Asta Nielsen würdig. Sie stellte dar und schauspielerte nicht. Darin liegt ein großer Unterschied, denn Schauspieler findet man häufig, Darsteller nur selten«, schrieb die Schweizer Filmzeitschrift *Close up*.

Dem Film weniger gewogen war die deutsche Zensur, die FREIE FAHRT! zwar zuließ, aber, wegen seiner »einseitigen politischen Tendenz«, für Jugendliche verbot – was seine Verwertungschancen schmälerte, weil er vor allem zur Werbung von Jungwählern gedacht war.

Metzners nächstem Film, in dem Sybille ebenfalls mitspielte, erging es nicht besser. POLIZEIBERICHT ÜBERFALL erzählt die Geschichte eines armen Tropfes (Heinrich Gotho), der ein Geldstück findet und damit im Spiel gewinnt. Doch sein bescheidener Reichtum ist schnell vorbei, als er, von einem Dieb verfolgt, sich zu einer Dirne flüchtet, die ihn mit ihrem Zuhälter ausraubt, ehe er anschließend auf der Straße von dem wartenden Dieb zusammengeschlagen wird.

Sybilles Auftritt dauert ganze acht Sekunden. Als Kollegin der Nutte, die in einer Absteige den Pechvogel mit ihrem Luden bedrängt, öffnet sie, aufgeschreckt durch die Schreie des Opfers, die Tür ins Nebenzimmer, wirft einen verächtlichen Blick auf das Geschehen und verschwindet wieder.

Ein Einakter über einen kleinen, glücklichen Zufall, der in einem Alptraum endet: von dieser Angstvision erzählt Metzner ebenso wie von der Straße als Hinterhalt im Krieg gegen die Schwachen durch die noch Schwächeren. Wegen »brutalisierender und demoralisierender Wirkung« wurde POLIZEIBERICHT ÜBERFALL am 3. April 1929 von der Berliner Zensur verboten. Vielleicht standen die Prüfbeamten noch unter dem Eindruck des bis dahin spektakulärsten Überfalles der Berliner Kriminalgeschichte, der erst zwei Monate zurücklag und seither die Schlagzeilen beherrschte: Zwei Brüder namens Saß hatten am 30. Januar eine Bank am Wittenbergplatz geplündert, in dem sie durch einen in langer Vorarbeit gegrabenen Tunnel unter der Straße bis in die Tresorräume vordrangen. Die Täter waren flüchtig und wurden erst Jahre später in Dänemark verhaftet.

In diesem Winter waren in Berlin 450 000 Menschen arbeitslos. Viele von ihnen lungerten frierend auf den Straßen herum oder suchten Zuflucht in U-Bahnhöfen, wohin sie die Kälte getrieben hatte, die im

Februar so groß geworden war, daß die Schulen geschlossen werden mußten.

In die allgemeine Krisenstimmung paßte ein Theaterstück, dessen Uraufführung im Oktober 1928 am Deutschen Theater stattgefunden hatte, und in dem Sybille (wahrscheinlich ab Januar 1929 ihre Kollegin Sonik Rainer ersetzend) ihre erste größere Rolle spielte. »Die Verbrecher« des österreichischen Autors Ferdinand Bruckner zeigt, wie die Bewohner eines bürgerlichen Mietshauses unter dem Druck allgemeiner sozialer Not in die Kriminalität abrutschen: eine Dame aus verarmtem Adel veruntreut wertvollen Schmuck, um ihren Kindern die Ausbildung zu ermöglichen. Ein junger Angestellter stiehlt Geld aus der Firmenkasse, weil er mit seiner Geliebten nach Südamerika auswandern will. Eine Sekretärin (Sybille Schmitz) erwartet von einem mittellosen Studenten ein Kind. Nachdem der Versuch, es adoptieren zu lassen, scheitert, geht die verzweifelte Mutter mit dem Säugling ins Wasser.

Doch dann besinnt sie sich und schwimmt allein ans Ufer zurück. Darauf wird sie wegen Kindsmordes verhaftet und vor Gericht gestellt. Hier wird sie, wie die anderen Hausbewohner, das Opfer einer gnadenlosen Justizmaschinerie, die die wahren Verbrecher laufen läßt, während sie die schuldlos Verstrickten vernichtet.

Das Stück, von Heinz Hilpert inszeniert, wurde mit 111 Aufführungen zum Saisonhit. Neben Sybille Schmitz spielten Gustaf Gründgens (als kaltblütiger Erpresser, der sich vor Gericht eloquent herauswindet) und Hans Albers (als arbeitsloser Kellner), der sich, ein »Potenzwunder«, als Gigolo verdingt.

Im März 1929 reist Sybille für ein Gastspiel am Deutschen Volkstheater nach Wien. Heinz Hilpert besetzt sie in dem Sensationsstück »Der Prozeß der Mary Dugan«. Einem Freund nach Berlin berichtet sie, sie habe »wie ein Löwe gegen die Regie gekämpft«. Doch es nützt ihr nichts. Die Kritik fällt schlecht aus: »Es bleibt kein gutes Haar an mir. Gott sei Dank sind die Urteile so unsachlich, so gemein, daß sie dadurch schon fast wieder glänzend sind. (...) Einer schreibt: ›Sie hat nicht das tiefe Gefühl, das für einen Wiener Erfolg notwendig ist....‹«

Wien findet sie scheußlich, flieht tagsüber dreimal ins Kino und versucht, als Ernö Metzner sie für einen neuen Film nach Berlin holen will, frei zu bekommen. Umsonst: »Film ist für solche Leute noch ein Angriffspunkt.«

Erst im Sommer klappt es wieder mit einem Filmengagement. Georg Wilhelm Pabst nimmt Sybille für eine Nebenrolle in TAGEBUCH EINER VERLORENEN, der Verfilmung von Margarethe Böhmes gleichnamigem Roman aus dem Jahre 1905, der den Fall eines Mädchens aus gutem Hause in die Prostitution erzählt.

Die Apothekerstochter Thymian (Louise Brooks) muß nach der Geburt eines unehelichen Kindes in ein Erziehungsheim. Von dort flieht sie mit einer Freundin in eine Pension, die sich als Bordell entpuppt. Anfangs sträubt sie sich gegen das, was hier von ihr verlangt wird. Doch dann beugt sie sich dem Druck der Verhältnisse. Schuld an ihrer Misere hat ein Angestellter ihres Vaters, von dem sie geschwängert wurde. Der gleiche Mann (Fritz Rasp) hat auch Elisabeth, das Dienstmädchen der Familie (Sybille Schmitz), auf dem Gewissen.

Elisabeths kurzer Auftritt gleich zu Beginn des Films wirkt als Menetekel: am Rande von Thymians Geburtstagsfeier kommt es zu einer unschönen Szene, als ihr Vater plötzlich das Dienstmädchen rausschmeißt. Schnell wird der Grund für die fristlose Kündigung klar: Elisabeth ist schwanger. Alles Bitten und Flehen im Namen ihres Kindes hilft nichts: Elisabeth muß gehen und wird sofort ersetzt. Bereits am Abend des gleichen Tages bringen Männer eine Tote ins Haus: es ist das Dienstmädchen, das aus Verzweiflung ins Wasser gegangen ist. Für Thymian, die offenbar stark an Elisabeth hing, bricht eine Welt zusammen. Der Schuldige bleibt unbehelligt, hat es bereits auf sein nächstes Opfer abgesehen ...

Sybilles Auftritt in TAGEBUCH EINER VERLORENEN ist nur kurz. Doch als erster Regisseur hatte G. W. Pabst erkannt, daß die besondere Wirkung dieser jungen Schauspielerin von ihrem Gesicht ausging. Und Pabst läßt den Zuschauer an der Enthüllung dieses Gesichtes teilhaben: Als Thymian die Plane aufdeckt, unter der das ertrunkene Dienstmädchen liegt, erschrickt man mit ihr und den Umstehenden weniger über die Tote als über die verklärte Schönheit ihres Antlitzes.

Der Film brachte solche Qualitäten stärker zur Geltung, als es das Theater konnte. Dort geht es für Sybille zunächst nur als Zweitbesetzung in Boulevardkomödien mit Titeln wie »Aufgang nur für Herrschaften« oder »Freudiges Ereignis« weiter – immerhin neben Heinz Rühmann, Hilde Hildebrand oder Otto Wallburg.

Erst im Frühjahr 1930 holt man sie für die Uraufführung von Arnold Zweigs »Der Streit um den Sergeanten Grischa« von Anfang an dazu. Als Bärbe, eine deutsche Krankenschwester an der Ostfront des (Ersten) Weltkriegs, bemüht sie sich vergeblich darum, den kleinen russischen Bauern Grischa vor der Exekution durch ihre Landsleute zu schützen.

Bärbes jüngere Kollegin, Schwester Sophie, wurde mit der damals achtzehnjährigen Marianne Hoppe besetzt, die sich an Sybille erinnert: »Sie war vom Typ her *in between*. Das machte sie enorm anziehend. Privat war sie klug und warmherzig. Dabei wirkte sie auf mich immer höchst gefährdet, weil sie in allem, was sie tat, so intensiv war. Ihr Spiel war von großer Klarheit.«

Mitte Mai, gleich nach der letzten Aufführung von Arnold Zweigs Antikriegsstück, fährt Sybille nach Frankreich, wo sie in der Nähe von Paris für Carl Theodor Dreyers VAMPYR vor der Kamera steht.

Anderthalb Jahre vorher hatte Sybille den dänischen Regisseur nach der Deutschlandpremiere seines Films DIE PASSION DER JEANNE D'ARC in Berlin kennengelernt und sich ihm empfohlen.

Er wolle bei seinem nächsten Film an sie denken, hatte er damals gesagt und dann nichts mehr von sich hören lassen. Jetzt machte er sein Versprechen wahr.

VAMPYR (nach »In a Glass Darkly« von J. Sheridan Le Fanu) erzählt eine Variante des altbekannten »Dracula«-Stoffes: Allan Gray, ein junger Forschungsreisender für das Übersinnliche (Julian West), steigt in einem einsamen Landgasthof ab. Nachts erscheint ihm im Traum ein Unbekannter mit den Worten: »Sie darf nicht sterben, hören sie!« Gray fühlt, daß jemand in Todesgefahr nach ihm ruft und macht sich zum nahegelegenen Schloß Courtempierre auf, das ein Vampyr in seine Gewalt gebracht hat. Dieser läßt über Helfer den Schloßherrn ermorden, um an eine seiner beiden Töchter zu kommen.

Sybille verkörpert Léone, das Opfer des Blutsaugers, das er Nacht für Nacht heimsucht und schon so geschwächt hat, daß sie das Bett nicht mehr verlasen kann. »Ach könnt' ich doch sterben!« Mit diesem Satz ist Sybille zum erstenmal auch auf der Leinwand zu hören. Ein Satz, der für Sybilles Leben noch ohne Bedeutung scheint. Ein erster Satz, der

erst im nachhinein wie ein verborgenes Leitmotiv für dieses Leben klingt.

Léone geht es so schlecht, daß sie dringend eine Bluttransfusion braucht. Allan Gray gibt sie ihr. Er möchte Léone und ihre jüngere Schwester Gisèle, in die er sich verliebt hat, retten. Der Vampyr hat sich den Dorfarzt zum Komplizen gemacht. Geschickt plaziert er ein Giftfläschchen am Bett von Léone, die im Delirium danach greift und nur durch die Aufmerksamkeit eines alten Dieners davor bewahrt werden kann, sich umzubringen.

Dieser Diener hilft Allan schließlich, dem Geheimnis des Vampyrs auf die Spur zu kommen und ihn unschädlich zu machen: es ist eine alte Frau, die vor langer Zeit starb und seither ihr Unwesen treibt. Allan und der Diener öffnen gemeinsam ihr Grab und durchbohren sie mit einem Eisenpfahl.

Damit ist die Macht des Vampyrs gebrochen, Léone entschlummert friedlich, und Allan führt Gisèle dem Licht entgegen.

VAMPYR ist ein zwitterhafter Film. Stumm gedreht, wurde er 1931 in Berlin nachsynchronisiert. Aber nicht durchgehend. Ganze Passagen werden nur von Musik begleitet, andere sind schon mit Dialogen und Geräuschen unterlegt, daneben gibt es aber noch – in guter Stummfilmtradition – Zwischentitel.

Übergangslos wechseln Traum und Wirklichkeit, realistische mit phantastischen Sequenzen, in denen verzerrte Kamerawinkel, Zeitlupe und Softfilter vorherrschen. Offenbar wollte Dreyer damit bewußt desorientieren, seine Zuschauer in einen fiebrigen Alptraum versetzen. Doch die konnten mit dem expressionistischen Werk (Kamera: Rudolph Maté, Ausstattung: Hermann Warm, der schon an DAS CABINET DES DR. CALIGARI mitgearbeitet hatte) nichts mehr anfangen. Als VAMPYR zwei Jahre nach seiner Entstehung im Mai 1932 in Berlin herauskam, »verlachte der größte Teil des Kurfürstendamm-Publikums diesen übersinnlich-mystischen Film«, wie die Rezensentin der *Filmwoche* schrieb. Und: »Wirklich erschüttert wird man nur durch einige schauspielerische Leistungen von Sybille Schmitz.« Sie war – neben Maurice Schutz, dem Schloßherrn – die einzige professionelle Schauspielerin dieses Films. Dreyer hatte die übrigen Laiendarsteller nach ihrer »geistigen Ähnlichkeit« mit den Charakteren, die sie verkörperten, ausgewählt.

Bei aller verquasten Mystik des Films, die heute nicht weniger unfreiwillig komisch wirkt, gibt Carl Theodor Dreyer mit VAMPYR eine Liebeserklärung an ein Gesicht ab. Es ist Sybilles Gesicht, das er immer wieder groß ins Bild rückt und dessen Minenspiel zwischen Qual, Dämonie und Erlösung er gebannt folgt. Es ist dieses Gesicht, das den von Dreyer beabsichtigten, dämmerigen Schwebezustand des Films am besten vermittelt.

»Man hat mit mir sehr schnell gearbeitet, irrsinnig viel gearbeitet, es war herrlich, herrlich«, schreibt Sybille im Mai 1930 an den befreundeten Kollegen Paul Falkenberg. Der Regieassistent und Schnittmeister, den sie bei der Produktion von TAGEBUCH EINER VERLORENEN kennengelernt hatte, wird später die Dialogregie und den Tonschnitt der deutschen Fassung von VAMPYR übernehmen. Es wird dies die einzige

Fassung sein, die in die Kinos kommt. In Frankreich und England, wo der Film parallel gestartet werden sollte, findet sich kein Verleih.

Der deutsche Einsatz gerät zum Flop. Und bei der Wiener Uraufführung kommt es zum Eklat: als ein Teil des Publikums laut protestierend sein Eintrittsgeld zurückverlangt, muß die Polizei eingreifen.

Ende Mai 1930, auf dem Rückweg von den Dreharbeiten in Frankreich, schaut Sybille bei den Eltern in Köln vorbei. Die Gaststätte ihres Vaters ist inzwischen pleite. Er hatte sich durch einen ehrgeizigen Umbau, falsche Freunde und eine zu große Belegschaft finanziell übernommen. Auch als Pächter des Restaurantschiffes »Hansa« am Kölner Rheinufer hat Joseph Schmitz kein Glück. »Er war zu großzügig, kontrollierte zu wenig, wollte überall nur der liebe Junge sein«, erzählt Sybilles Bruder Fritz über den Vater. Bald wird er auch als Pächter einer Vorstadtwirtschaft in Deutz, Kölns »schäl Sick«, scheitern und sich als Vertreter versuchen. Als sich in den folgenden Jahren längere Krankheiten einstellen, ist der wirtschaftliche Abstieg des Joseph Schmitz nicht mehr aufzuhalten. Er muß mit seiner Familie die Wohnung in der Domstraße mit einem Sozialbau im Arme-Leute-Viertel Bickendorf vertauschen, lebt von der Wohlfahrt. Sybille hat für VAMPYR sechstausend Reichsmark bekommen, ihre bisher höchste Gage. Mit einigen hundert Mark monatlich wird sie die Eltern künftig finanziell unterstützen.

»ENDLICH EIN NEUER TYP«

Zu Hause in Köln hält es Sybille nicht lange. Sie kann sich ihren ersten selbstverdienten Urlaub leisten, reist über Stuttgart und Bad Schachen, wo sie eine kurze Bäderkur einlegt, nach Italien.

Unterwegs erreicht sie die Nachricht, daß das Hessische Landestheater in Darmstadt sie für ein Jahr verpflichten will. Aber Sybille will sich jetzt nicht festlegen. Sie muß im Spätherbst nochmal für einen Nachdreh von VAMPYR nach Frankreich, möchte sich überhaupt lieber für neue Filmengagements offen halten, für die sie sich bei den personell besser ausgestatteten Reinhardtbühnen leichter frei machen kann. Doch Carl Ebert, der Intendant des Darmstädter Theaters, läßt nicht locker und reizt mit dem Angebot, das Repertoire der kommenden Spielzeit wesentlich auf Sybille zuzuschneiden. Er erwähnt die Titelrollen in Kleists »Penthesilea« oder Ibsens »Hedda Gabler«.

Sybille weiß inzwischen, was sie wert ist, und fordert eine Monatsgage von 900 Reichsmark. Ebert akzeptiert, und Sybille läßt sich vom Deutschen Theater in Berlin beurlauben.

Ab 1. August 1930 gehört sie für eine Spielzeit zum Ensemble des Hessischen Landestheaters. Bis es soweit ist, werden sechs Wochen lang Briefe, Telegramme und persönliche Unterhändler in Bewegung gesetzt, um »Fräulein Schmitz«, das irgendwo zwischen Paris und der italienischen Rivieraküste unterwegs ist, habhaft zu werden. Kleine, filmreife Chronik der Verfolgungsjagd einer begehrten Nachwuchsschauspielerin durch einen Theaterdirektor – im Zeitalter vor Fax und Handy: am 3. Juni geht ein Schreiben an Sybilles Agent Otto Mertens nach Berlin, in dem die Generaldirektion des Hessischen Landestheaters »so rasch als möglich« um die derzeitige Adresse von Fräulein Sybille Schmitz bittet.

Am 7. Juni schickt das Landestheater sein Angebot nach Courtempierre, dem Drehort von VAMPYR, wo aber Sybille seit über einer Woche nicht mehr ist.

Irgendwie muß sie die Nachricht aus Darmstadt dann doch erreicht haben, denn am 11. Juni schreibt sie, inzwischen in Stuttgart, an Carl Ebert eine Absage. Weil Sybille keinen Absender angibt, läßt Ebert in Stuttgart nach ihr fahnden.

Auf der Rückseite eines polizeilichen Suchzettels berichtet der von Ebert beauftragte Mittelsmann über seine Nachforschungen: »Der Beamte sagte mir, daß die Schauspielerinnen oft Künstlernamen annehmen. Außerdem war ich bei der Sittenpolizei, wo unbedingt jede Person wo in Stuttgart nur ein Tag in Hotels oder Pensionen wohnt, gemeldet ist. Dem Schauspielhaus ist diese Person nicht bekannt.«

Doch Carl Ebert schickt nun einen Unterhändler nach Berlin, der Sybille, offenbar mit Hilfe ihrer Agentur, endlich im Stuttgarter Gasthof Ritter ausfindig macht und ihr dorthin das neue Angebot übermittelt. Von Stuttgart aus meldet sich Sybille am 12. Juli mit einem Telegramm bei Ebert, der inzwischen nach Lugano in den Sommerurlaub gefahren ist, und bittet ihn, sie anzurufen. In dem folgenden Telefongespräch vereinbart sie mit Ebert, auf ihrem Weg nach Italien direkt mit ihm zu verhandeln.

Inzwischen schickt Sybilles Berliner Agentur schon den Vertragsentwurf nach Lugano und schlägt Ebert vor, »sich mit Fräulein Schmitz im Zuge zu treffen und sie vielleicht bis Chiasso zu begleiten. Da dort Grenzstation ist, wird der Zug ohnehin längeren Aufenthalt haben – Sie hätten infolgedessen Gelegenheit, sich etwa eine Stunde zu unterhalten, und es müßte doch mit dem Teufel zugehen, wenn Sie beide in dieser Zeit nicht zusammenkommen sollten.«

Und so geschieht es. Am 15. Juli trifft Sybille in Lugano auf Carl Ebert, einigt sich mit ihm über ein Jahresengagement für die Gage von 9 900 Mark und unterschreibt den Vertrag, ehe sie nach Italien weiterreist. Ihre Neueinstellung beginnt Sybille gleich mit einer Absage. Ihr künftiger Chef hat ihr als Reiselektüre das Rollenbuch für ein neues Stück mitgegeben, für das er sie gewinnen will. Sie schickt es ihm noch aus Mailand mit der Bemerkung zurück: »Ich kann mich beim besten Willen nicht dafür begeistern – die Probleme scheinen mir so an den Haaren herbeigezogen – aber vielleicht sehen Sie andere Werte darin?«

Mitte August kehrt sie nach Deutschland zurück, nimmt sich in Darmstadt in der Ohlystraße eine kleine Wohnung und beginnt mit den Proben für Shakespeares »Sommernachtstraum«, der am 9. September Premiere hat und in dem sie Titania, Königin der Elfen, spielt. Die Inszenierung von Renato Mordo betont, mit seinen burlesken Einlagen, die groteske Seite von Shakespeares Komödie. Der Abend wird ein Erfolg, Sybille bekommt wohlwollende Kritiken.

»Als Titania erschien die neue Salondame Sybille Schmitz: schön anzuschauen, feenhaft gekleidet, im Spiel anfangs befangen. Doch Feenreich ist kein Salon, also kein endgültiges Urteil zu geben«, schrieb das *Darmstädter Tageblatt*. Und der *Darmstädter Volksfreund*: »Licht und schmal und schön die Titania der Sybille Schmitz zu sehen eine Augenweide, während zunächst die Frage offen bleibt, ob die etwas affektierte Sprechweise eine Eigenart von ihr ist oder ihr als – nicht in jedem Augenblick berechtigtes – Charakterisierungsmittel diente.«

Als Gina Ekdal in Ibsens *Die Wildente*, Mai 1931

Knapp zwei Wochen später folgt »Mississippi«, Georg Kaisers Drama über den Kampf einer in freiwilliger Armut lebenden Bruderschaft gegen die Staatsmacht, die sie aus ihrer Siedlung am Ufer des großen Flusses vertreiben will. Sybille spielt die Frau des Anführers, und wieder fallen die Reaktionen positiv aus. Sybille ist glücklich, weg von Berlin zu sein, schreibt einem Freund euphorisch über »irrsinnig viel Arbeit, schöne Rollen«.

Doch bald zeigt sich, daß ihr zuviel versprochen worden war: es sind nicht die großen Klassiker, sondern vor allem Boulevardkomödien, die in Darmstadt gespielt werden. Und es sind vor allem Nebenrollen, für die sie darin besetzt wird. Von der Ankündigung Carl Eberts, das Repertoire des Theaters wesentlich auf Sybille abzustellen, ist nichts übrig geblieben.

Als Sybille in der Komödie »Die fünfundzwanzigste Frau« eine Magd spielen soll, reicht es ihr, und sie erscheint Anfang Januar 1931 nicht zur Probe. Unter Hinweis auf die schwere wirtschaftliche Lage seines Theaters läßt Ebert ihr ausrichten, daß er die Rolle nicht umbesetzen könne, und bittet sie, die Probenarbeit wieder aufzunehmen. Sybille bittet ihrerseits Ebert um ein Gespräch, doch der hat für sie keine Zeit. Da schreibt sie ihm: »Ich habe schon genug Verständnis für die wirtschaftliche Lage des Theaters gezeigt, indem ich bis jetzt schon mehrere Episodenrollen gespielt habe. Aber jetzt ist es wohl endlich Zeit, daß die mir angemessene und schriftlich zugesagte Beschäftigung (Marianne, Prinzessin in ›Tasso‹, Hedda Gabler, Penthesilea) nach 4 Monaten Wartens endlich in Erfüllung geht.«

Doch Ebert bleibt hart und droht ihr mit Konventionalstrafe, falls sie die Mitarbeit weiter verweigert.

Jetzt fügt sich Sybille, aber es ist klar, daß dies ihre erste und letzte Saison in Darmstadt gewesen sein wird. Dies steht auch für den Intendanten fest, denn Mitte Januar bestätigt Ebert »ausdrücklich«, daß Sybilles Vertrag zum 31. Juli »automatisch« ablaufe. Immerhin wird bis dahin ihre Gage um 250 Mark aufgestockt, erfüllen sich wenigstens teilweise ihre Rollenerwartungen: Im folgenden Halbjahr tritt sie endlich als Leonore von Este in Goethes »Tasso«, als Ophelia in Shakespeares »Hamlet« und schließlich als Gina Ekdal in Ibsens »Wildente« auf. Die Kritiken loben in »Tasso« Sybilles »vornehme Haltung«, bemängeln aber ihre »Poesielosigkeit«: »Hier ist kein Stern, der leuchtet, hier ist nur nüchterne glatte Realität ohne Wissen von einem leidenden Innern.«

Das klingt, als hätte Sybille sich innerlich schon aus Darmstadt verabschiedet, »der kleinen Stadt, in der man was erleben kann: in Zeitlupe das Leben der Katzen, Hunde und Maikäfer«.

Äußerlich tut sie es Ende Mai, zehn Tage nach Premiere der »Wildente«. In der Lokalpresse erscheint eine Meldung, Sybille werde einem

Ruf ans Stadttheater Bunzlau folgen. Ist sie zu bedauern, daß daraus nichts wird?

Sybille kehrt vielmehr nach Berlin zurück, wo sie »neu und unter sehr günstigen Bedingungen« mit dem Deutschen Theater abgeschlossen hat.

Im Oktober 1931 tritt sie als Lady Milford in Schillers »Kabale und Liebe« erstmals in einer Max-Reinhardt-Inszenierung auf. Auch wenn sie nur zweite Besetzung ist, hat sie es jetzt wieder mit Partnern wie Gustaf Gründgens, Eduard von Winterstein, Lucie Höflich oder Paul Hörbiger zu tun.

Im Dezember folgt Shakespeares »Antonius und Cleopatra«, inszeniert von Heinz Hilpert. Sybille spielt Octavia, die Schwester Cäsars und Frau des Marcus Antonius, der sie aus bloßem politischen Kalkül geheiratet hat und sie Richtung Ägypten verläßt, weil er Cleopatra verfallen ist.

So viel Sybilles Ausflug nach Darmstadt ihrer Theatererfahrung gebracht haben mochte, so wenig nützte er ihrer Filmkarriere. Im Frühjahr 1932 waren es zwei Jahre, daß sie nicht mehr vor der Kamera gestanden hatte. Und VAMPYR wartete nach seiner komplizierten Nachvertonung noch immer auf die Premiere.

Am 6. Mai war es dann endlich soweit. Die heftige Ablehnung, auf die Dreyers Film bei Publikum und Presse stieß, mag mit seinen stilistischen Eigenwilligkeiten zu tun haben, die für den heutigen Zuschauer nicht mehr so ins Gewicht fallen. Wahrscheinlich aber flopte VAMPYR vor allem deshalb, weil Dreyer mit seinem Versuch, den filmischen Expressionismus der frühen 20er Jahre aufleben zu lassen, zu spät kam. Heute gilt der Film unter Cinéasten als Meisterwerk des Genres. Der Mißerfolg von VAMPYR hatte für den Regisseur fatale Folgen: Dreyer erhielt keine Aufträge mehr, schaffte es für die nächsten elf Jahre nicht, ein neues Projekt zu realisieren, und verdingte sich in dieser Zeit als Filmjournalist in Dänemark.

Wem dagegen das Desaster von VAMPYR nützte, war Sybille. Ihr Auftritt als morbide Schönheit blieb haften, wurde als das Beste an dem sonst mißlungenen Film gelobt. Im Juni fragt die Ufa bei ihr an, ob sie die weibliche Hauptrolle in einer neuen Erich-Pommer-Produktion spielen wolle. Als Partnerin von Hans Albers und Paul Hartmann, die sie als Kollegen vom Deutschen Theater kennt. Und von Peter Lorre, der mit seiner ersten Filmrolle als Kindermörder in Fritz Langs »M« gerade so etwas wie ein Weltstar geworden ist. Sie sagt sofort zu.

Vorlage für den Film ist Kurt Siodmaks utopischer Abenteuerroman »F.P. 1 antwortet nicht«, in dem es um den Bau einer künstlichen Ozeaninsel zwischen Europa und Amerika geht. Auf der stählernen Flugplattform (eine Art schwimmender Airport) sollen Maschinen bei ihrer Transatlantiküberquerung zwischenlanden und neu aufgetankt werden können. Eine Utopie, die Anfang der 30er Jahre nahe schien: »Schon laufen Meldungen um, daß auf beiden Seiten des Atlantik Modelle der künstlichen Insel gebaut werden«, hieß es in einer Vorbemerkung des Buches, auf die Pläne des deutschen Ingenieurs A. B. Henniger anspielend, von dem Siodmak sich hatte inspirieren lassen.

Die Romanvorlage hatte aber auch ein melodramatisches Element, auf die der Film abheben sollte: eine junge Frau zwischen zwei Männern.

Sybille verkörpert diese Claire Lennartz, Mitglied einer Hamburger Schiffbauerdynastie, deren Brüder die Lennartz-Werft führen, auf der die F.P. 1 gebaut wird. Erfinder und Leiter des Projektes ist Kapitänleutnant Droste (Paul Hartmann), der nur durch die Intervention seines berühmten Fliegerfreundes Ellissen (Hans Albers) die Firma zum Bau der Plattform bewegen konnte.

Der Draufgänger Ellissen verliebt sich in Claire – und verläßt sie bald schon wieder, um einen neuen Flugzeugtyp auf einer Non-Stop-Erdumrundung zu testen. Da entscheidet sich Claire für den verläßlichen Droste. Auch wenn der sich – als Kommandant der fertiggestellten Flugplattform – von ihr trennen muß, spricht Claire doch regelmäßig mit ihm per Funk.

Eines Tages aber wird die Stimme ihres Geliebten plötzlich von Schüssen übertönt, und der Kontakt bricht ab. Verzweifelt wendet sie sich an Ellissen, der deprimiert in einem Hotel der Stadt sitzt, nachdem er wegen eines Motorschadens seinen Flug vorzeitig beenden mußte. Claire bekniet Ellissen, mit ihr auf die Ozeaninsel zu fliegen, um nachzusehen, was passiert ist.

Ellissen schöpft Hoffnung, bei Claire, die er noch immer liebt, wieder landen zu können, und bricht mit ihr auf. Doch als sie die F.P.1 erreichen, die tatsächlich von Saboteuren lahmgelegt wurde und zu sinken

Mit Hans Albers in *F. P. 1 antwortet nicht*, 1932

droht, erlebt er die Liebe zwischen Claire und dem durch Schüssen verletzten Droste. Maßlos enttäuscht und eifersüchtig, möchte er mit der sinkenden Plattform und allen, die darauf sind, untergehen. Doch schließlich überwindet er seinen inneren Schweinehund und holt in einem notdürftig zusammengezimmerten Flugzeug Hilfe herbei.

Erich Pommer, in den 20er Jahren Produktionschef der Ufa und mit Etat sprengenden Filmen wie DIE NIBELUNGEN oder METROPOLIS weltberühmt geworden, hatte einige Jahre in Hollywood gearbeitet und sollte jetzt im Auftrag des Konzerns für die erfolgreiche Einführung des Tonfilms in Deutschland sorgen. Bekannt für seine ehrgeizigen Projekte, wollte Pommer mit F. P. 1 auch diesmal neue Maßstäbe setzen. Die Ausstattung übernahm Erich Kettelhut, Deutschlands bekanntester Filmarchitekt, der schon die futuristischen Stadtlandschaften in METROPOLIS geschaffen hatte, und der jetzt das Zukunftsmodell der Flugplattform originalgetreu realisieren sollte.

Dies geschah als Vorbau zunächst in einer Cuxhavener Werft, wo gleichzeitig, ab 15. August 1932, die Außenaufnahmen der in Entstehung begriffenen F. P. 1 begannen. Anschließend wurden die einzelnen

Elemente des halbfertigen Teils auf ein Schiff verladen und zusammen mit dem noch fehlenden Material für die Landebahn – 11 Tonnen Eisenplatten – über den Nord-Ostsee-Kanal in die Greifswalder Bucht geschleppt. Auf einer kleinen Insel, der Greifswalder Oie, fand schließlich die Endmontage statt.

Hier besuchte Ende September auf einer von der Ufa organisierten Pressereise der Schriftsteller Wolfgang Koeppen die Dreharbeiten, um für den *Berliner Börsen-Courier* seine Eindrücke zusammenzufassen: »Bleiweiße Eisenplatten bedecken eine weite Fläche vor der steil abfallenden Küste. Zur Insel hin grenzen Hallen, Krane und Türme die Fläche ab. Eine riesige Terrasse ist entstanden, und viel Licht liegt über ihr. Die Sonne scheint, und ihre Strahlen scheinen zurück vom Spiegel der See und von den Eisenplatten. Es ist ein ideales Sonnenbad. (...) Ein Heer von Menschen bevölkert auf einmal die Terrasse. (Und der Besucher wundert sich nicht mehr über die Leere der Berliner Kaffeehäuser, denn alle ihre Gäste sah er als Matrosen wieder). Es ist ganz wie in Babelsberg. Zum Licht, das da ist, kommen noch die Scheinwerfer, die nun summend aufflammen. Operateure messen Entfernungen, rufen und versuchen. Klein hockt Karl Hartl, der Regisseur des Films, unter der Kamera. Er ist einer von den leisen Spielleitern. Kein lautes Wort fällt. Mit kleinen Gesten dirigiert er die Aufnahme. Und dann erscheint Hans Albers und strahlt.« F. P. 1 ANTWORTET NICHT entsteht gleichzeitig in einer englischen und französischen Version, in der Conrad Veidt bzw. Charles Boyer anstelle von Albers spielen. Sybilles Part wird von Jill Esmond bzw. Danièle Parola gedoubelt.

Mit mehr als 2,6 Mio. Reichsmark wird es Erich Pommers aufwendigste Produktion. Und Sybille bekommt die traumhafte Gage von zwölftausend Mark – doppelt soviel wie für VAMPYR.

Als der Troß im Oktober für die Studioaufnahmen nach Babelsberg umzieht, eilt Sybille ein umstrittener Ruf voraus. Der Journalist und spätere Regisseur Géza von Cziffra möchte einen Artikel über die junge Nachwuchsschauspielerin schreiben und befragt in einer Drehpause Hans Albers über sie. Der antwortet schulterzuckend: »Die Karosserie ist in Ordnung. Aber sie kommt mir vor wie ein Auto ohne Motor. Alles ist da, alles am richtigen Platz, aber sie kann damit nichts anfangen. Und ich schon gar nicht.«

Während der Dreharbeiten zu *F.P. 1 antwortet nicht*, 1932

Peter Lorre, der dazu stößt, meint lachend: »Du bist nur eifersüchtig auf sie, Hänschen. So jung wie sie ist, hat sie mehr Frauen verführt als du.«

Die Auskünfte, die Cziffra von anderen erhält, klingen nicht weniger widersprüchlich: während Sybilles Garderobiere von ihrer Liebenswürdigkeit schwärmt, hält sie ein anderer Kollege für eine »arrogante Ziege«.

Auf das Ergebnis ihrer zweiten größeren Kinoarbeit muß Sybille diesmal nur wenige Wochen warten. Nach Ende der letzten Atelieraufnahmen Anfang Dezember startet F.P. 1 ANTWORTET NICHT kurz vor Heiligabend, am 22. Dezember 1932. Die Premiere im Berliner Ufa-Palast am Zoo wird ein rauschender Erfolg. Regisseur, Architekt und Hauptdarsteller werden stürmisch gefeiert.

Die Presse zollt der logistischen Leistung bei der Errichtung der künstlichen Ozeaninsel Respekt, lobt aber mehr die Schauspieler. »Eine außerordentlich interessante Erscheinung ist Sybille Schmitz: wirkliche Mädchen-Vornehmheit von heute, ohne die leiseste Spur Ziererei, mit ihrem schönen, starken, charakteristischen, fast männlichen Mund, und trotzdem eine Stimme, aus der man das erzogene Patrizierkind hört«, schreibt der *Filmkurier*. Und für Herbert Ihering vom *Berliner Börsen-Courier* ist Sybille die Entdeckung des Films: »Endlich ein neuer Typ, endlich ein neuer Ton. Ohne Ausbrüche, ohne Theater. Wirklich Tonfilm: Ausdruck auf den Tonfall gebracht und auf wenige andeutende mimische Nuancen.«

Es ist einer der letzten Filme, die in dem zu Ende gehenden Jahr anlaufen. Einem Jahr, in dem in Deutschland die Rekordsumme von 6 Millionen Arbeitslosen erreicht wird, die rasch wechselnden Regierungen von einer Krise in die nächste taumeln und sich bei allem Aktionismus der Politiker ein Gefühl tiefer Ratlosigkeit und Agonie breitmacht. Die Republik von Weimar liegt im Sterben. Sybille bekommt davon wenig mit. Euphorisch über ihren Erfolg läuft sie durch Berlin und sieht sich auf den Litfaßsäulen groß zwischen Hans Albers und Paul Hartmann.

Aus den Radios und Grammophonen tönt Albers mit seinem »Flieger, grüß' mir die Sonne«, ein Lied auf den Sieg der Technik und des neuen Menschen, der, scheinbar schwerelos über Kontinente gleitend, die Erde mit all ihren Problemen und Krisen weit unter sich läßt. Ein Lied, das die Leute bald auf den Straßen pfeifen, was Sybille gerne hört, obwohl sie privat Bach oder Verdi bevorzugt.

Bei einer ausgedehnten PR-Tournee durch ein Dutzend deutscher Städte kehrt sie auch wieder nach Düren zurück, wo F.P. 1 im U.T., dem größten Kino der Stadt, Premiere hat. »Sie trug einen Pelz und ließ sich feiern: der Jubel war groß, als sie durch die Stuhlreihen ging«, erinnert sich eine ehemalige Schulkameradin.

In der Rastlosigkeit jener Tage wird es Sybille nicht weiter aufgefallen sein, daß am 30. Januar 1933 wieder mal eine neue Regierung gebildet wird, an deren Spitze der Nationalsozialist Adolf Hitler steht.

ZWISCHEN *FLAPPER* UND SALONDAME

Der letzte Kanzler hieß General von Schleicher und war nicht mal zwei Monate im Amt gewesen. Davor gab es Franz von Papen, der Heinrich Brüning ablöste, aber auch nur ein halbes Jahr blieb. Die Namen der Beteiligten wechselten schneller als man sie sich merken konnte. Warum sollte es dieser Hitler länger schaffen?

Bei den Reichstagswahlen im November 1932 war Sybille – mitten in den Dreharbeiten zu F.P.1 – nicht zur Wahl gegangen.

Mit Hans Albers in *F.P. 1 antwortet nicht*, 1932

Am 5. März 1933 gibt Sybille, der katholischen Herkunft gehorchend, ihre Stimme der Zentrumspartei. Es war die letzte halbwegs freie Wahl in Deutschland. Eine Woche vorher hatte der Reichstag gebrannt, waren massenweise Kommunisten, Sozialdemokraten und Juden verhaftet worden, denen die Nazis die Schuld an dem Feuer gaben. Die meisten ihrer vielen jüdischen Freunde, Förderer und Kollegen, zu denen sich

Sybille bekennt, gehen ins Exil oder kehren nicht mehr aus dem Ausland zurück, wo sie bleiben wollten, bis der Spuk vorüber war. Paul Falkenberg, der schon seit einem Jahr in Paris lebte, nachdem ihn Nazi-Schläger in Berlin auf offener Straße verprügelt hatten, gab dort endgültig seine Wohnung auf. Peter Lorre, mit dem Sybille erst noch vor wenigen Wochen im Studio geflachst hatte, reiste zu Dreharbeiten nach Wien, um anschließend über Paris und London in die USA zu emigrieren. Ebenfalls in der ersten Märzwoche verläßt Max Reinhardt Deutschland. Wenig später folgt Erich Pommer, der Sybille für die Ufa unter Vertrag genommen hatte und der jetzt von der gleichen Ufa – wie alle ihre jüdischen Mitarbeiter – entlassen wurde.

Mit Claus Clausen und Hilde Gebühr in *Rivalen der Luft*, 1934

Sybille wird durch die Ereignisse des Frühjahrs aufgeschreckt, aber sie bleibt. Nach dem Erfolg von F.P. 1 hat sie von der Ufa erneut einen Film angeboten bekommen. Titel: RIVALEN DER LUFT – EIN SEGELFLIEGERFILM. Damit ist schon fast alles gesagt. Es geht um ein Dutzend junger Leute und ihren Traum vom Segelfliegen, der sich erst nach einigen Hindernissen erfüllen kann.

Es geht um Teamgeist und Selbstüberwindung auf dem harten Weg zum C-Schein. Und es geht schließlich um einen Fluglehrer (Willi Frahms), der mit seinem Schüler (Wolfgang Liebeneiner) aneinandergerät, weil er ein Auge auf dessen Freundin (Hilde Gebühr) geworfen hat und ihn damit eifersüchtig macht. Ein kleiner Film, dessen dürftiger Plot gerade ausreichte, um die Landschafts- und Flugaufnahmen des Kameramanns Hans Schneeberger, der sein Handwerk bei den Bergfilmen Arnold Fancks gelernt hatte, miteinander zu verknüpfen.

Gedreht wurde ab September an Standorten zweier bekannter Segelflugschulen: im ostpreußischen Rositten sowie auf der Wasserkuppe der Rhön. Das klingt nach Verbindung von Arbeit und Urlaub, was es für Sybille sicher war, nachdem ihre Episodenrolle in dem Film eher bescheiden ausfiel und wie nachträglich reingeschrieben wirkt: als Sportfliegerin Lisa Holm, der einzigen Motorfliegerin unter lauter Segelfliegern, die wegen eines Propellerschadens ihren Flug von Moskau nach Berlin unterbrechen muß, versucht sie, zwischen den Rivalen zu vermitteln.

Immerhin ermöglicht ihr der Produktionsleiter des Films Karl Ritter, daß sie zum erstenmal in einem Flugzeug (mit)fliegen darf, was ihr Erich Pommer bei F.P. 1 noch verboten hatte.

Im übrigen haben die Dreharbeiten etwas von Abenteuerurlaub: außer Hilde Gebühr und Sybille Schmitz, den beiden einzigen Frauen im Team, die in primitiven Herbergen untergebracht sind, übernachten Darsteller und Stab in Zelten und werden jeden Morgen um sechs geweckt. In einem Interview für die *Filmwoche* meint die inzwischen 24jährige Sybille: »Für den Typ, den ich spielen muß, wäre es besser, wenn ich etwas älter wäre, denn ich bin ja kein *Girl*. Ich muß junge Frauen spielen, die etwas melancholisch sind, etwas heiter und die etwas Herz haben. Was früher Florence Vidor gespielt hat oder die junge Asta Nielsen, das ernste Kammerspiel, das ist mein Fach.«

Wie auch immer. Für RIVALEN DER LUFT setzte die Ufa offenbar gezielt auf den Wiedererkennungswert von Sybilles androgynem Reiz in schwerer Fliegermontur, mit der sie als Co-Pilotin von Hans Albers schon in F.P. 1 erfolgreich gewesen war. Erwähnenswert noch der Name des jungen Regisseurs: Frank Wysbar stammte aus Ostpreußen und war nach einer Offizierslaufbahn zum Film gekommen. RIVALEN DER LUFT war seine zweite Arbeit, mit der er Talent zeigte. »Schade nur«, schrieb die *LichtBildBühne*, »daß dieser Regisseur nicht mehr Gelegenheit hat, sein Können auch an anderen Stoffen unter Beweis zu stellen.«

Das aber wollte Wysbar unbedingt. Und er hatte sich dafür die Darstellerin der Lisa Holm vorgemerkt, an deren Ausstrahlung und Können er glaubte, und für die er künftig mehr als eine Episodenrolle vorsehen wollte. Bis es freilich soweit war, sollten noch zwei Jahre vergehen.

Noch liegen für Sybille oft Monate zwischen ihren Filmengagements. In diesen Pausen spielt sie weiter Theater. Etwa in der (ebenfalls zu den Reinhardtbühnen gehörenden) Komödie am Kurfürstendamm, wo sie in Boulevardstücken mit Titeln wie »Bob macht sich gesund« elegante, zartfühlende Frauen verkörpern darf, die sich vom Typ der männlich-herben Fliegerschönheit, auf den sie nicht festgelegt werden möchte, deutlich unterscheiden.

Ende Januar 1934 füllt Sybille den Aufnahmeantrag der »Reichsfachschaft Film« aus, einer Abteilung der Reichsfilmkammer, der künftig alle Filmschaffenden in Deutschland angehören müssen, aber nur solche angehören dürfen, die arischer Abstammung sind. Auch Sybille muß, gleich nach der Frage über mögliche Vorstrafen, Angaben über ihre rassische Herkunft und Religion machen sowie über die ihrer Eltern und Großeltern. Brav trägt sie »arisch« und »katholisch« ein.

Ihr Vertrag mit den Reinhardtbühnen läuft in diesem Frühjahr aus, und sie hat beschlossen, ihn nicht weiter zu verlängern, sondern nur noch fürs Kino zu arbeiten. Eine Entscheidung, die ihrer Leinwandkarriere gehörigen Schub verleiht: vier bis fünf Produktionen jährlich werden für sie von jetzt an zur Regel. Der erste Titel dieser neuen Phase, in der sich Sybille *Film*schauspielerin nennt, heißt MUSIK IM BLUT und entsteht unter der Regie von Erich Waschneck im Frühjahr 1934: ein kleiner Milieuroman aus der Welt von Musikstudenten, ihrer Konflikte zwischen künstlerischer Berufung, erster Liebe und den Härten des Erwachsenwerdens. Aber auch ein Film mit leichten, beschwingten Momenten, in dem man eine neue Sybille kennenlernt: eine, der der Schalk aus den Augen springt, die gerne lacht. Eine junge Frau zwischen *Flapper* und Salondame, die diesmal keine Angst zu haben braucht, nicht reif genug für ihre Rolle zu sein.

Als begabte Geigerin und Nichte eines Provinzkapellmeisters (Leo Slezak) steht sie kurz vor der großen Solistenkarriere. Den letzten Schliff dafür erhält sie auf der Dresdener Musikhochschule, an die auch ihre

Cousine (Hanna Waag) aufgenommen wird. Als sich Sybilles Freund, ein junger Dirigent (Wolfgang Liebeneiner) in die Cousine verliebt, sträubt sich das Mädchen dagegen, weil sie Komplikationen fürchtet. Doch Sybille macht ihr klar, daß es mit der Beziehung längst vorbei ist und sich auch die beruflichen Wege trennen werden: sie geht nach Riga, er nach Dortmund. So macht sie den Weg frei für ein Happy End zwischen der fragilen Hanna Waag und dem forschen Wolfgang Liebeneiner. Sybille verzichtet dabei ohne Groll, scheint eher erleichtert über ihre neue Unabhängigkeit: eine Frau, die mehr vom Leben erwartet, als an der Seite eines Mannes glücklich zu werden.

Als Frau, die erzwungenermaßen alleine lebt, ist sie auch in Harry Piels DER HERR DER WELT zu sehen, der im gleichen Frühjahr entstand. »Du warst ein halbes Jahr lang weg, fast so lang, wie wir verheiratet sind«, sagt etwas traurig Vilma, die schöne junge Frau des Fabrikanten Heller (Walter Janssen), der von einer Auslandsreise zurückkehrt. Und sie wird auch nicht mehr viel von ihm haben, weil er gleich weiter muß, in seiner Maschinenfabrik nach dem Rechten zu sehen, wo Professor Wolf (Walter Franck), ein technischer Mitarbeiter Hellers, offenbar durchgedreht ist: der Mann hat sich in seinem Labor eingeschlossen und droht, jeden, der ihm zu nahe kommt, mit einer selbstgebauten Kampfmaschine zu vernichten. Vilmas Mann muß als erster dran glauben: mit blechernem Getöse und gefährlich funkelnd nähert sich ihm der Roboter und tötet ihn mit einem elektrischen Strahl. Vilma sitzt, jetzt als Witwe, weiter allein in der prächtigen Villa.

Auch der junge Bergwerksingenieur Baumann (Siegfried Schürenberg), den sie später zufällig kennenlernt, versetzt sie. Ihn ruft die Pflicht zu seiner Zeche, in der Unruhen ausgebrochen sind, weil künftig Roboter die Arbeit der Bergleute übernehmen sollen.

Besuch bekommt Vilma statt dessen von einer Verhandlungsdelegation des irren Professors, der ihr die Fabrik entreißen möchte, um ungehindert seine Kampfmaschinen bauen zu können, mit denen er die Weltherrschaft erringen will. Unter Druck gesetzt, schickt sich Vilma an, zu unterschreiben, da betritt Baumann die Szene, vertreibt die Emissäre und sucht, gefolgt von Vilma, Wolf auf.

In dem anschließenden Showdown stirbt der Professor durch seine Erfindung, die sich daraufhin selbst zerstört.

Der Herr der Welt, 1934

Baumann und Vilma wollen in Zukunft Roboter bauen, die die Welt nicht zerstören, sondern fortschrittlicher gestalten. Zwar wird die Arbeit der Bergleute dann maschinell erledigt, doch vom Profit, den die Maschinen abwerfen, finanzieren die beiden den freigesetzten Arbeitern ein Siedlungsprojekt, wo sie, inmitten schöner Natur, ein menschenwürdiges Dasein führen können.

Harry Piel, berühmt geworden mit Dutzenden flotter Abenteuer- und Gangsterfilme, hatte sich mit DER HERR DER WELT viel vorgenommen. Am besten daran funktionieren noch die Actionszenen, die die Lust des Regisseurs am Spektakulären belegen, allerdings bald leerlaufen, weil Piel seine an sich spannenden Bilder (etwa von einem einstürzenden Bergwerkstollen nach einer Schlagwetterkatastrophe) ermüdend lange zeigt, anstatt sein Material dramaturgisch zu verdichten. Unfreiwillig komisch und wie ein Relikt aus plötzlich fernen Mabuse-Tagen wirken die Szenen im Labor des irren Professors. Figuren wie ihn, der vor einer

Weltkarte ekstatisch seine größenwahnsinnigen Phantasien entwickelt, mußten 1934 in deutschen Kinos seltsam antiquiert wirken: vor kurzem noch als Angstvision beschworen, schienen sie plötzlich von der Wirklichkeit eingeholt worden zu sein. Bei all dem Getöse um schlagende Wetter, streikende Kumpels, verrückte Forscher und brachiale Kampfmaschinen kommen leisere Töne zwangsläufig zu kurz. Sybilles Part als junge, schöne Witwe wirkt denn auch ziemlich deplaziert in diesem Film. Ihre Romanze mit dem Ingenieur bleibt Stückwerk und verliert sich am Schluß: statt mit einem die Verbindung besiegelnden Kuß zwischen Vilma und Baumann endet der Film mit Bildern glücklicher, sonnengebräunter Siedler, die vergessen lassen, daß sie einmal unter Tage schuften mußten. Doch trotz des hahnebüchenen Drehbuchs und der schwerfälligen Inszenierung verleiht Sybille der einsamen Vilma ihren eigenen Touch.

Als DER HERR DER WELT im August 1934 startete, belegte ihn das notorische Berliner Publikum mit ähnlichen Reaktionen wie seinerzeit VAMPYR: es lachte und pfiff den Film gnadenlos aus. Die Presse sah es nicht anders und nannte das Werk »Krampf«, »Phrase und geisttötendes, blutleeres Schema« (*LichtBildBühne*).

Knapp zwei Monate später erlebt Sybille die nächste Premiere, doch diesmal werden sie und der Film gefeiert, passen Rolle, Buch und Regie. Nach einer Vorlage von Ernst Marischka hatte Géza von Bolváry mit ABSCHIEDSWALZER eine Chopin-Biografie realisiert, die schon die Handschrift späterer Marischka-Erfolge à la SISSI trägt: ein Held zwischen öffentlicher Pflicht (mit seiner Kunst die Menschheit zu beglücken) und privatem Glücksverlangen, umgeben von humorigen Originalen, angesiedelt in einer biedermeierhaft verklärten Vergangenheit. Friedrich Chopin (Wolfgang Liebeneiner) liebt die junge Sängerin Constantia Gladkowska (Hanna Waag), für die er empfindsame Lieder schreibt. Doch auf Wunsch seines Professors (Richard Romanowsky) soll Friedrich nach Paris, um dort Karriere zu machen. Um seine Abreise zu erleichtern, drängt der Professor, daß sich Constantia von Friedrich trennt.

Als er später allein und erfolglos in einem Pariser Restaurant sitzt, kommt er mit einem gutgekleideten Mann ins Gespräch, der seine Meinung über die Schriftstellerin George Sand hören möchte. Ihr letzter

Roman sei so düster und habe ihm überhaupt nicht gefallen, erklärt Friedrich. Dann werde er der Autorin raten, ein Witzblatt herauszugeben, erwidert der Fremde. »Ach, Sie kennen sie?«, wundert sich Friedrich. »Ja, ich bilde mir ein, ihn ganz gut zu kennen«, antwortet der andere sybillinisch lächelnd. Erst als der Unbekannte weg ist, erfährt

Als George Sand in *Abschiedswalzer*, 1934

Friedrich dessen Identität: es war George Sand persönlich, mit der er gerade gesprochen hatte. Perfekt verkörpert von Sybille, die man, Zigarre rauchend und angetan mit Frack und Zylinder, in ihrer ersten klassischen Hosenrolle sieht. Die Begegnung zwischen dem naiven Wolfgang Liebeneiner und der souverän als Mann aufspielenden Sybille gehört zu den stärksten Szenen dieses Films.

Chopins abfälliges Urteil über die Romane der George Sand hindert die extravagante Autorin nicht daran, ihm durch einen raffiniert inszenierten Auftritt vor Gästen des Hofes zum Durchbruch zu verhelfen: in einem abgedunkelten Saal begeistert Chopin, den alle für seinen berühmten Kollegen Franz Liszt halten, das Publikum mit einer seiner Etüden. Als George Sand befiehlt, die Lichter wieder anzuzünden, erkennen die Zuhörer den bisher verkannten Künstler und feiern ihn.

Als danach Constantia, seine alte Freundin aus Warschau auftaucht, ist es bereits zu spät: Chopin gehört George Sand, die sich in ihn verliebt hat und mit ihm nach Mallorca reisen wird. Zum Glück endet hier der Film, denn diese Liebe wird nie gezeigt, bleibt pure Behauptung. Statt dessen überzeugt Sybille als früher Prototyp einer emanzipierten Frau, die, nicht nur in Hosen, mit maskuliner Forschheit auftritt, ihre Liebhaber selbst aussucht und sich überhaupt von Männern wenig sagen läßt.

Anderthalb Jahre nach Beginn der Nazi-Staates, der aus Frauen fügsame, gebärfreudige Mütter machen wollte, war solch eine Rolle ziemlich ungewöhnlich. Vielleicht auch deshalb mochten die Zuschauer den Film. ABSCHIEDSWALZER geriet zum Erfolg, und die Darstellerin der George Sand wird auf ihrer Tour durch ein halbes Dutzend Städte vom Kinopublikum gefeiert. Nach vier Filmen innerhalb eines Jahres hat Sybille die öffentliche Präsenz eines Stars bekommen. Sie wird mit Autogrammwünschen überschüttet und steht für Interviews und Homestories zur Verfügung, mit denen ihre wachsende Fangemeinde versorgt wird. Aus der Charlottenburger Knesebeckstraße ist sie in eine größere Wohnung nach Wilmersdorf umgezogen: Nachodstraße 5. Hier hat sie genug Platz für ihre Plattensammlung, die sich sprunghaft vergrößert. An ihren drehfreien Tagen ist sie »gefürchteter Gast« von Alberti und Electrola, den beiden größten Musikläden der Stadt. Sie liebt die Stimmen von Beniamino Gigli und Lucienne Boyer, hat sich durch ihre unzähligen Chopinplatten auf ABSCHIEDSWALZER vorbereitet. Und sie liebt den Anblick schöner Frauen. An den Wänden hängen nur zwei Bilder: eine Madonna von Greco und die Venus aus Botticellis »Geburt der Venus«.

Sie macht den Führerschein und kauft sich ein Auto – für Freunde und Kollegen das sicherste Zeichen beginnender Allüren.

ALLTAG DER ERFOLGREICHEN

Ihren Rang als Star baut Sybille 1935 noch aus: gemessen an ihrer Leinwandpräsenz soll dieses Jahr das erfolgreichste in Sybilles Karriere werden.

Sechs Filme, in denen sie meist die weibliche Hauptrolle spielt, kommen zwischen Januar und Oktober 1935 in die Kinos. Gegenüber dem Vorjahr verfünffacht sich ihr Einkommen. Sie arbeitet ohne Unterbrechung, pendelt, manchmal mit dem eigenen Wagen, zwischen Berlin, Wien und Rom, wo die Produktionen entstehen.

Nebenher erscheint sie zu den Premieren ihrer Filme. Sie kann die neuen, markigen Töne, die auf diesen Veranstaltungen jetzt immer häufiger angeschlagen werden, nicht ausstehen. Sie haßt Worte wie »Volksgenossen«, begrüßt ihre Fans lieber mit »meine lieben Filmfreunde« und schließt regelmäßig mit der Formel: »Ich sage nicht ›Adieu!‹, ich sage ›Auf Wiedersehen!‹«

In diesem Jahr kristallisiert sich immer stärker ihr Rollenprofil heraus: es sind schöne, einsame Frauen, die ein Geheimnis umgibt, starke, freiheitliebende Frauen, die nichts dafür übrig haben, sich von einem Mann dominieren zu lassen.

Manchmal aber auch bedrohliche Frauen mit kriminellen Zügen, die in dunkle Machenschaften verwickelt sind. So etwa als Dienstmädchen Erna Zuwade in Carl Froelichs OBERWACHTMEISTER SCHWENKE, einem Film der, mit Gustav Fröhlich in der Hauptrolle, das Hohelied des integren deutschen Polizisten singt.

»Merken Sie sich das mal für Ihr ganzes späteres Leben: der Schupo ist der Freund des Publikums«, beruhigt Schwenke die Angestellte im Haushalt des Bankiers Wenkstern, als er ihren Ausweis kontrolliert. Die Papiere der jungen Polendeutschen sind in Ordnung, zumal sie eifrig versichert, »für Deutschland optiert« zu haben. Schwenke, der Typ des leutseligen Berliners, der Kindern über die Straße hilft und ohne Autoritätsgehabe nach dem Rechten sieht, verguckt sich in das scheue Dienstmädchen. Doch die wird von einem Kriminellen (Harald Paulsen) dazu benutzt, ihm bei der Erpressung ihres Dienstherrn behilflich zu sein. Bankier Wenkstern (Walter Steinbeck), der in Devisenschiebereien verwickelt ist, reist überstürzt nach Amsterdam, um das geforderte Schweigegeld zu besorgen. Doch er kehrt nicht mehr zurück, bringt sich um.

Schwenke versteht nicht, warum Erna, die er inzwischen liebt, vom Tod des Bankiers so betroffen ist, als wäre sie dafür verantwortlich. Aus schlechtem Gewissen und weil ihr Schwenke eine glückliche Zukunft verspricht, will Erna sich von dem Ganoven trennen. Aber der ermordet sie, weil sie zuviel weiß, und wirft sie in den Landwehrkanal.

Nachdem der Täter anschließend Schwenke beschuldigt, ihn bei der Festnahme mißhandelt zu haben, wird – kaum glaublich aber wahr – der Polizist vom Dienst suspendiert und fällt tief. Erst eine kleine Blumenverkäuferin (Marianne Hoppe) rettet ihn durch ihre verspätete Aussage. Schwenke wird rehabilitiert und kann mit Maria glücklich werden.

Sein Alltagsrealismus (mit Außenaufnahmen aus dem Berlin der frühen 30er Jahre) und Gustav Fröhlichs Charme machen OBERWACHTMEISTER SCHWENKE zu einem interessanten Zeitdokument. Andererseits gibt Fröhlich so penetrant den sympathischen, charakterlich einwandfreien Schupo, daß der Film wie ein abendfüllender Werbespot für die Polizei wirkt. Was Wunder: Hermann Göring, preußischer Ministerpräsident, unterstützte die Produktion großzügig, die er während seiner Zeit als preußischer Innenminister – und damit oberster Polizeichef Berlins – mit initiiert hatte. Nach den Säuberungen in seinem Ressort und den Razzien infolge des Reichstagsbrandes waren Filme wie OBERWACHTMEISTER SCHWENKE willkommene vertrauensbildende Maßnahmen. Auch sonst dürfte Göring an dem Projekt lebhaften Anteil genommen haben: spielte doch, als Bankiersgattin, seine Freundin und spätere Ehefrau Emmy Sonnemann darin eine tragende Rolle.

So hielt, eher leise und auszumachen an zackiger Marschmusik oder Sätzen wie: »Keine Angst vor der Polizei!«, in Sybilles Filmen eine Tendenz Einzug, mit der sie wenig im Sinn hatte. Ebensowenig dürfte sie für journalistische Würdigungen übrig gehabt haben, die sie in eine bestimmte Ecke drängten: »Sybille Schmitz gibt das ostdeutsche Flüchtlingsmädchen und Opfer eines Betrügers mit entsagungsvoller Traurigkeit und Resignation. Sie hat die Melancholie des *slawischen Einschlags* (Hervorhebung d. V.) in ihren Augen und charakterisiert so ergreifend diesen Menschen, daß man bewundernd vor dieser Leistung steht.«

Auch in ihrem nächsten Film, PUNKS KOMMT AUS AMERIKA, der nur zehn Tage später anlief, gibt Sybille sich für krumme Machenschaften her. Sie ist einer Bande von Hochstaplern in die Hände gefallen, die einen Juwelenschwindel im großen Stil aufzieht. Diesmal für sie aber ohne tödlichen Ausgang. In Karl Heinz Martins Krimikomödie spielt sie vielmehr einen falschen kaukasischen Prinzen, der im Auftrag eines geigenden Ganoven (Oskar Sima) einen vertrottelten Juwelier (Ralph Arthur Roberts) aufs Kreuz legen soll. Dabei gerät ihr dessen Neffe Punks (Attila Hörbiger) in die Quere, der als erfolgreicher Mann aus Amerika heimgekehrt ist und sich unterwegs in die junge selbstbewußte Britta Gerstenberg verliebt, nicht ahnend, daß sie wenig später, als Prinz Shuragan verkleidet, ihn und seinen Onkel zum Narren halten wird. Denn ihre offensive Art gefällt Punks. »Wenn man etwas erreichen will, dann muß man schon fest zupacken und sich nehmen, was man braucht«, belehrt ihn die hübsche Golfspielerin. Kurz darauf ist ihr Auto weg, gestohlen, und als es wieder auftaucht, bedankt sich Punks für die Leihgabe mit einem Zitat: »Ich habe mir genommen, was ich gebraucht habe ...«

In diesem Stil geht es weiter, reiben sich Attila Hörbiger und Sybille, die nie zuvor und in keinem ihrer späteren Filme so ausgelassen mit einem Mann flirtet, wie in dieser kleinen, billigen Komödie.

Auf Bewährtes griff Sybilles dritte Arbeit des Jahres 1935 zurück: wie schon in ABSCHIEDSWALZER verfilmte Géza von Bolváry – erneut nach einem Buch von Ernst Marischka – ein Stück Kulturgeschichte. Und wie in OBERWACHTMEISTER SCHWENKE hieß Sybilles Partner auch dieses Mal Gustav Fröhlich.

STRADIVARI erzählt die Geschichte einer Geige über der ein Fluch liegt. Und er erzählt die Geschichte einer Liebe, die diesen Fluch zuletzt bricht – nachdem sie ihm fast zum Opfer fiel. STRADIVARI spielt in Budapest vor Ausbruch des Ersten Weltkriegs: Husarenleutnant Sandor (Gustav Fröhlich) hat eine Geige geerbt. Als er sie zu einem Experten bringt, um Herkunft und Wert des Instrumentes zu erfragen, lernt er Maria, dessen italienische Assistentin (Sybille Schmitz) kennen und verliebt sich in sie. Er erfährt, daß er eine echte Stradivari-Geige geerbt hat. Er erfährt aber auch, daß dieses Meisterstück seinen bisherigen Besitzern immer nur privates Unheil gebracht hat: keiner von ihnen

Stradivari, 1935

bekam die Frau, die er liebte. Sandor hält nichts von diesem Aberglauben und möchte Maria heiraten. Doch dann bricht der Erste Weltkrieg aus, und die beiden werden getrennt.

Schon scheint auch dieses Mal die Geige ihren Fluch zu entfalten: Sandor, der für Österreich kämpft, gilt als vermißt, und um Maria, die wieder im feindlichen Italien lebt, wirbt ein neuer Mann (Albrecht Schoenhals). Doch der Glaube an ihre gemeinsame Liebe führt die beiden nach vier Jahren wieder zusammen.

Obwohl etwas umständlich erzählt (über Rückblenden, in denen Veit Harlan als Antonio Stradivari zu sehen ist, wird die Geschichte der Geige nachgereicht), enthält der Film starke melodramatische Momente. Etwa wenn Sandor im Schützengraben von einer Kugel getroffen wird und gleichzeitig auf Marias Violine eine Saite reißt. Oder wenn der Arzt, der um Maria wirbt, seinem schwer verletzt in italienische Gefangenschaft geratenen Rivalen Sandor das Leben rettet und ihn anschließend Maria zurückgibt.

Sybille spielt die Rolle der Maria voller Nuancen. Anfangs scheu, weil sie Sandors Werben für die übliche Masche eines Husarenoffiziers hält und schließlich »jeder Mann in einer Uniform gut aussieht«, gewinnt ihr Gesichtsausdruck mit zunehmendem Vertrauen an Wärme und Lebendigkeit. Ihr Mienenspiel beschränkt sich dabei fast nur auf die Augen: erst senkt sie kategorisch den Blick, dann streift er Sandor scheinbar zufällig, als der gerade wegschaut, und schließlich hält er dem Werben des Geliebten stand, erwidert es.

In der Reduktion auf solch sublime Ausdrucksmittel erlangt Sybilles Gesicht die Durchlässigkeit einer Membran, die feinste seelische Schwingungen sichtbar macht. Überhaupt ihre Blicke. Häufig weichen sie denen ihrer Partner aus, gehen irgendwo schräg nach unten, ins Nichts.

Besonderen Grund dazu hat Sybille in ihrem nächsten Film, EIN IDEALER GATTE, der, unter der Regie von Herbert Selpin, nach dem gleichnamigen Bühnenstück von Oscar Wilde entstand. Hier bricht sie in die heile Welt einer Londoner Adelsfamilie ein und stört den Geburtstag der Dame des Hauses durch ihr Erscheinen. Gloria Cheveley macht den versammelten Lords klar, daß sie sich unter Männern dieser Kaste absolut souverän zu bewegen weiß. Sie raucht, fachsimpelt über Börsengeschäfte und bietet abfälligen Bemerkungen (»Frauen wie Sie gehören nicht hierher«) scharfzüngig Paroli.

Mit ihrem Wissen um dunkle Flecken in der Vergangenheit des Hausherrn treibt sie Lord Robert Chiltern (Karl Ludwig Diehl) die Feierlaune aus: sein Reichtum gründet sich auf den Verkauf von Börsengeheimnissen. Als Beweisstück besitzt Gloria einen Brief, mit dem sie den Lord erpreßt.

Nachdem Chiltern sich darauf nicht einläßt, erzählt Gloria seiner Frau Gertrud (Brigitte Helm) von dem belastenden Dokument, was den Druck noch erhöht, weil nicht nur der Ruf des Lords auf dem Spiel steht, sondern auch dessen Ehe: Chiltern muß befürchten, von seiner Frau, die für ihre strenge Moral bekannt ist, verlassen zu werden. Doch Lady Chiltern tritt den Opfergang für ihren Mann an und bittet Gloria unter Tränen, ihr den Brief zu geben.

Gloria beeindruckt dieses Liebesbekenntnis und überläßt ihrer Gegnerin das Papier. Eigentlich, so stellt sich heraus, wollte sie die Liebe des besten Freundes von Chiltern erzwingen. Doch Lord Goring (Georg Alexander) hat sich längst für eine andere entschieden, und so wird Gloria zur doppelten Verliererin.

Als der Mann, mit dem sie gehofft hatte, glücklich zu werden, geht, fällt die Fassade ihrer Überlegenheit in sich zusammen: in einer atemberaubenden Schlußszene kippt ihr Lächeln um in Bitterkeit, Trauer. Weinend, den Kopf gesenkt und eine Cognacflasche umschließend, sitzt die verlassene Gloria in ihrem Hotelzimmer vor dem Schminktisch. Jetzt hebt sie die Augen und schaut tränenverschleiert in den Spiegel – und damit geradewegs auf den Zuschauer, den dieser Blick wie ein Pfeil trifft. Dann klappt Sybille die beiden Seitenflügel des Spiegels über ihrem Ebenbild zu, und der Abspann erscheint.

Sybilles Darstellungskraft erlangt hier eine magische Qualität. Solche Augenblicke, in denen die räumliche wie zeitliche Distanz zwischen Zuschauer und Akteur plötzlich aufgehoben ist und Unmittelbarkeit, Einvernehmen entsteht, sind rar im Kino.

Eher gängig war dagegen Sybilles Part in Carmine Gallones WENN DIE MUSIK NICHT WÄR', ihrem fünften Film des Jahres 1935: ein weiteres Werk der Marke MUSIK IM BLUT mit einer kapriziösen, übermütigen Sybille als Pianistin und Schülerin Franz Liszts, die sich bei

Ein idealer Gatte, 1935

ihrem Meister für einen in Ungnade gefallenen Klavierlehrer einsetzt. Weil er kein Blatt vor den Mund nimmt und seine Schülerin Thekla (Karin Hardt) für schön, aber musikalisch unbegabt erklärt, bekommt Florian Mayr (Paul Hörbiger) Hausverbot bei Konsul Burmeester (Willi Schaeffers).

Als er sich darauf mit seinem Nachfolger, einem Hochstapler, anlegt, verliert Mayr auch noch seine Stellung am Konservatorium. Da tritt Sybille als feurige Ungarin Ilonka Badacz auf den Plan und arrangiert ein Treffen zwischen Mayr und ihrem Lehrer Liszt (Louis Rainer), der den glücklosen Musiker nach einigen Wirrungen zum Hofkapellmeister ernennt und damit die Hochzeit der hübschen Konsulstochter ermöglicht. Ein Werk, dessen Fehlen in Sybilles Filmographie nicht weiter auffallen würde, und das sie sich offenbar selbst ersparen wollte. Sei es, daß ihr das Drehbuch dieses musikalischen Lustspiels zu harmlos war, sei es, daß sie mit dem Regisseur nicht klar kam oder nach einem dreiviertel Jahr permanenter Arbeit einfach eine Pause brauchte: Ende Mai 1935, noch vor Drehbeginn, löste sie ihren Vertrag mit der Produktion, widerrief dann aber ihre Absage und stand auch die nächsten Monate ohne Pause vor der Kamera.

Im Kino entsprechend stark vertreten ist Sybille in der Herbstsaison 1935: durchschnittlich alle drei Wochen läuft ein neuer Film mit ihr an. Sie weiß, daß sie inzwischen zu den erfolgreichsten deutschen Filmstars gehört, kann aber dieses Gefühl nicht auskosten. »Alltag der Erfolgreichen«, hatte sie im Jahr zuvor einmal in einem Interview gesagt, »das ist Alltag für den Erfolg. Und ohne dauernde Arbeit gibt es keinen Erfolg. Also: ich arbeite.«

In diesem Marathon bleibt weder Zeit noch Muße, um loszulassen, sich auf anderes einzuschwingen. Sie hat sich auf hundertprozentige Leistung getrimmt, funktioniert »absolut egoistisch«. Es ist wie ein Rausch. Mit einem Menschen Nähe und Geborgenheit zu teilen, kommt darin nicht vor. Und wo sie es dennoch versucht, entstehen – wie mit ihrem Freund, dem Drehbuchautor Robert Lantz – »allerlei Zank« und »viele Mißverständnisse«.

Sind es die üblichen Mißverständnisse zwischen Männern und Frauen? Oder werden diese Mißverständnisse begünstigt durch Sybilles Weigerung, sich auf einen Menschen, auf ein Geschlecht festzulegen? »Sie war in ihrer sexuellen Ausrichtung sehr flexibel«, berichtet ihre Cousine vielsagend lächelnd. Es fällt nicht schwer, sich auszumalen, daß diese Eigenschaft auf potentielle Lebenspartner nicht gerade vertrauensbildend wirkte.

Daß sie auch auf der Leinwand nicht zur idealen Gattin taugte, konnte Sybille in ihrer nächsten Produktion beweisen. Außer in DER HERR DER WELT, in dem sie kurz nach Beginn zur Witwe wird, war sie in keinem ihrer bisherigen Filme als Ehefrau zu sehen gewesen.

Mit Eugen Klöpfer in *Ich war Jack Mortimer*, 1935

ICH WAR JACK MORTIMER, Sybilles sechster Film des Jahres 1935, zeigt sie verheiratet mit Eugen Klöpfer: eine Mésalliance vom ersten Bild an.

Aber eine gezielt eingesetzte, geniale Mesalliance: hier Sybilles grazile, jugendliche Erscheinung, ihre rheinische Beweglichkeit, ihr intellektueller Charme, dort Eugen Klöpfers schwäbische Behäbigkeit, ein alternder, schwerblütiger Mann, Gefangener seines massigen Körpers, seiner Obsessionen.

In Carl Froelichs Krimi spielt der fast Fünfzigjährige einen von Eifersucht zerfressenen Dirigenten, der seiner jungen Frau mißtraut. Grund dafür hat er, denn als die beiden wegen eines seiner Konzerte nach Budapest kommen, hat sie sich dort mit ihrem amerikanischen Geliebten Jack Mortimer verabredet. Doch der Taxifahrer (Adolf Wohlbrück), der Mortimer am Bahnhof aufnimmt, findet ihn kurz darauf erschossen in seinem Wagen. Aus Angst, für den Mörder gehalten zu werden, läßt der Chauffeur die Leiche verschwinden und gibt sich im Hotel, wo der Amerikaner erwartet wird, selbst für Jack Mortimer aus. Als aber der falsche Jack seiner Geliebten gegenübertritt, fliegt der Schwindel auf.

Von seiner Frau in die Enge getrieben, gibt der Dirigent schließlich zu, Mortimer aus Eifersucht ermordet zu haben. Der Taxifahrer wird rehabilitiert.

Froelichs Film (nach einem Drehbuch Thea von Harbous) ist eine Studie menschlicher Entfremdung. Die Eintönigkeit des Taxifahrer-Alltags, das endlose Warten auf den nächsten Fahrgast, unterlegt mit collagehaften Impressionen im Stil von Walter Ruttmanns BERLIN – SYMPHONIE EINER GROßSTADT, korrespondiert mit der Ehe-Monotonie zweier Menschen, die einander völlig fremd sind. Ihre stockenden Unterhaltungen, unterbrochen von lähmenden Pausen, sprechen der Behauptung des Mannes Hohn, ohne seine Frau nicht leben zu können. Abwesend, in Gedanken bei ihrem Geliebten, starrt Sybille vor sich hin, während Klöpfer, zwischen Grobschlächtigkeit und Depression schwankend, versucht, sie moralisch unter Druck zu setzen. Schweigend, mit einem flüchtigen Blick, in dem gleichermaßen Verachtung, Mitleid und Ekel liegt, reagiert sie auf seine Zynismen. Und wenn sie doch mal den Mund auftut, sind es Sätze wie: »Ich geh' nie mehr zu Dir zurück. Lieber bring ich mich um.«

Nachdem sie dann vom Tod ihres Geliebten erfährt, fällt Sybille vollends in Trauer und Verbitterung, die sich erst wieder lösen, als ihr Mann sich der Polizei stellt.

Es ist es weniger Adolf Wohlbrück mit seinem Taxifahrer-Schicksal, es sind vielmehr Sybille und Eugen Klöpfer, die durch ihre überragende Darstellung zu den eigentlichen Protagonisten dieses ungewöhnlichen Films werden.

Liebe als höchstes Gut, als Restwert weiblicher Selbstbestimmung, für die es sich eher zu sterben lohnt, als sie zu verraten: auch dies ist eine Lesart von Sybilles Part in ICH WAR JACK MORTIMER.

NIEMALS ZWEITE SEIN

Um die Liebe als eine den Tod besiegende Kraft, für die man zu sterben bereit ist, geht es in FÄHRMANN MARIA – Sybilles bis heute berühmtester Film und der erste, in dem sie, unter der Regie von Frank Wysbar, die Titelrolle spielte.

Wysbar, der sie bereits aus RIVALEN DER LUFT kannte, nutzte Sybilles größtes Potential, ihr Gesicht, für ein Werk, das in Thema und Stil auf die Stummfilmzeit der frühen 20er Jahre verwies, einer Zeit, in der allegorische Geschichten im Kino Konjunktur hatten.

Mit Filmen wie Fritz Langs DER MÜDE TOD (1921) oder F. W. Murnaus DER BRENNENDE ACKER (1922) – verbindet FÄHRMANN MARIA denn auch mehr als mit den Titeln des von Komödien geprägten Produktionsjahrgangs 1935.

Erzählt wird in dieser – von Wysbar so benannten – »Tonfilmlegende« die Geschichte einer Rettung durch Liebe.

In einer nicht näher definierten Moorsiedlung einer nicht näher definierten Vergangenheit stirbt eines nachts unter mysteriösen Umständen der alte Fährmann (Karl Platen).

Keiner der Dorfbewohner will seine Stelle; es heißt, am Fluß gehe der Böse um. Da taucht im Ort eine junge Fremde auf (Sybille Schmitz). Sie sucht nach Arbeit, und weil sie nichts von der Vorgeschichte weiß, übernimmt sie gerne den Posten des Fährmanns: »Fährmann Maria«, nennt sie lachend der Dorfschulze.

Eines Nachts wird Maria durch den Klang der Pflugschar vom anderen Ufer geweckt und setzt über. Dort findet sie einen verwundeten Mann (Aribert Mog), bringt ihn zurück in ihre Hütte und pflegt ihn. Wirr redet der Delirierende davon, verfolgt zu werden. Durch Marias Pflege geht es dem Kranken bald besser. Die beiden verlieben sich.

Doch dann verlangt ein schwarz gekleideter Fährgast (Peter Voss), übergesetzt zu werden. Als er nach dem Kranken fragt, ahnt Maria, daß sie den Tod persönlich vor sich hat, der ihr den Geliebten holen will.

Maria lockt den Tod ins Dorf, wo Erntedank gefeiert wird, und tanzt mit ihm bis zur Erschöpfung. Der Tod aber läßt sich nicht ablenken und beharrt darauf, den Kranken zu sehen. Maria flieht in eine Kirche, um für ihr Glück zu beten. Doch auch hier findet sie der Tod.

»Was ist dir diese Liebe wert?«, will er von ihr wissen.

»Daß ich für ihn sterben könnte«, erwidert Maria ohne zu zögern.

Als die beiden auf dem Weg zu ihrer Hütte das Moor durchqueren, versinkt der Tod, während Maria wie durch ein Wunder gerettet wird und den Geliebten in die Arme schließen kann. Gemeinsam treten die beiden den Weg ans andere Ufer an, wo »die Heimat« sie erwartet.

Mag auch die seltsame Mischung dieses Films aus stilisiertem Mittelalter und Blut-und-Boden-Romantik ebenso überzogen wirken wie seine holprigen Dialoge – die Qualität von FÄHRMANN MARIA liegt woanders.

Wysbar versuchte, die Dominanz des gesprochenen Wortes zurückzudrängen, das seit Einführung des Tonfilms die Kinos beherrschte. Statt dessen wollte er eine Einheit aus Bildern, Geräuschen, Musik und sparsam verwendeten Dialogen schaffen, die die nichtkognitiven, magischen Eigenschaften des Mediums beschwor.

Und so entfallen auf die 84 Minuten des Films gerade mal 12 Minuten Dialoge, aber 50 Minuten Musik, geschrieben von Herbert Windt.

Der Kameramann Franz Weihmayr gewann der kargen Moorlandschaft und ihren Menschen Bilder von berückender Schönheit ab, die an Gemälde der Niederländer Schule erinnern (gedreht wurde an Originalschauplätzen der Lüneburger Heide). Über die Hälfte des Films spielt nachts, und Weihmayr unterstrich den irrealen Charakter des Geschehens mit harten Schwarzweißkontrasten, die durch den Einsatz von Gelb- und Rotfiltern entstanden. Weihmayr empfahl sich mit FÄHRMANN MARIA als einer der besten deutschen Kameramänner. Seine besondere Stärke war es, Gesichter zu fotografieren (ab 1937 sollte er alle Ufa-Filme Zarah Leanders drehen). Hiervon profitierte besonders Sybille, deren Antlitz die Kamera aus den unterschiedlichsten Blickwinkeln ständig neu zu entschlüsseln scheint, und der sie einige ihrer schönsten Portraitaufnahmen verdankt.

Es ist nicht mehr die mondäne, kapriziöse Frau, wie sie einem in F.P. 1, PUNKS oder MORTIMER entgegentritt. Es ist ein Mädchen im ärmlichen Kleid, das in Heuschobern schläft, dessen schlichte Halskette allerdings mehr weiblichen Liebreiz signalisiert als alle bisher getragenen, ausladenden Hüte oder raffiniert geschnittenen Kostüme. In ihrer herben, bäuerlichen Anmut ist dieses Mädchen weit von jenen

verkitschten Frauenfiguren entfernt, wie sie spätere Heimatfilme bevölkern sollten. Wysbar hatte mit FÄHRMANN MARIA einen sehr eigenwilligen Vorgriff auf ein Genre getan, das erst zwei Jahrzehnte später richtig in Mode kam. »Ich habe jetzt eine Heimat, weil ich weiß: ich liebe dich!« Sätze wie dieser könnten auch aus GRÜN IST DIE HEIDE oder ROSEN BLÜHEN AUF DEM HEIDEGRAB sein. Aber auch Blut-und

Boden-Romanen entstammen, wie sie Anfang der 30er Jahre Konjunktur hatten.

Eigentlich hätte FÄHRMANN MARIA damit das Wohlwollen der Nazis und ihres obersten Kulturwarts Joseph Goebbels besitzen müssen. Doch der mochte den Film nicht. Vierzehn Tage vor der Premiere bekam der Minister FÄHRMANN MARIA in einer privaten Vorpremiere zu sehen und notierte darüber am 21. Dezember 1935 in sein Tagebuch: »Abends Filme: ›Fährmann Maria‹, ein Experiment, aber kein gutes. Gewollt. Literatur!« Noch weiter ging der Autor eines Aufsatzbandes mit dem Titel »Volk und Rasse«, der den Film verurteilte, weil er zeige, wie eine Ausländerin (»dunkelhaarig und von fremdartiger Schönheit«) sich in einem deutschen Heidedorf einniste, und der deshalb »rassehygienischen Forderungen keinesfalls standhalten kann.«

Ungeachtet dessen bekam FÄHRMANN MARIA die Prädikate »künstlerisch wertvoll« und »volksbildend«. Die Presse bescheinigte Sybille »ihre bisher reifste Leistung. Sie beherrscht das Spiel und das Empfinden von innen heraus fast vollkommen«, schrieb die Berliner *LichtBild-Bühne*. Und der *Filmkurier* lobte Sybille, deren »melancholische Insichgekehrtheit der Augen« »unendliche Sehnsucht« vermittle.

Seine Uraufführung erlebt FÄHRMANN MARIA am 7. Januar 1936 in Hildesheim, wo in der Nähe die Außenaufnahmen entstanden waren. Anschließend bereist Sybille mit Frank Wysbar und Peter Voss, dem Darsteller des Todes, neun Städte, um den Film vorzustellen.

Dabei kommt sie ins Rheinland, nach Hause zurück. Sie ist jetzt eine Runde weiter. Die Leute kommen wirklich nur wegen ihr ins Kino. Als in Düren ein alter Freund der Familie, der sie als Kind schon gekannt hatte, eine Laudatio auf sie hält, bricht sie in Tränen aus. »In solchen Augenblicken hat man ein Recht auf Sentimentalität«, kommentiert sie später trocken.

In Köln trifft sie auch ihre Eltern wieder und holt sie zum gemeinsamen Pressetermin dazu.

Die Journalisten erleben sie widersprüchlich. »Sie war und blieb der eigentliche Mittelpunkt dieser Begegnung«, schreibt ein Kölner Kritiker. »Zwischen ihren Eltern sitzend, die auf ihre berühmte, gefeierte Tochter sehr stolz zu sein schienen, beteiligte sie sich in charmanter Weise an allen Themen, die zur Sprache kamen. Schüchtern ist diese

Mit ihren Eltern

Rheinländerin gewiß nicht.« Dagegen wenige Tage zuvor ein Kollege in Dortmund: »Nun sitzt sie da. Mit großen, dunklen Augen, die fragend, wertschätzend, urteilsuchend und wissend zugleich sind. Sie redet fast nichts, sie scheint eine ängstliche Scheu zu haben vor dem Interview. Ein ganz stilles Gesicht ...«

Wichtiger als was sie in den Zeitungen über sich liest, sind Sybille Begegnungen mit Zuschauern, die ihre Anerkennung manchmal nur durch einen stummen Händedruck vermitteln können. Nach der Vorstellung in Oberhausen kommt ein Bergmann auf sie zu und richtet ihr im Auftrag seiner Kumpels aus: »Wir wollen solche Filme sehen und keinen Kitsch.«

Ende Januar ist sie wieder in Berlin, wo FÄHRMANN MARIA verspätet Premiere hat, ehe am 14. 2. bereits ihr nächster Film startet: DIE LEUCHTER DES KAISERS von Karl Hartl.

Der in der k.u.k.-Zeit angesiedelte Spionagefilm erzählt die Geschichte des jungen russischen Zarensohns Peter Alexandrowitsch (Johannes Heesters mit seinem deutschen Kinodebüt), der beim Besuch des Wiener Opernballs von polnischen Patrioten entführt wird, um einen in Sibirien inhaftierten Landsmann freizupressen.

Um die Entführerbotschaft unbemerkt nach Rußland zu schmuggeln, wird sie von einem Kurier (Karl Ludwig Diehl) im Geheimfach eines von zwei alten Porzellanleuchtern versteckt, die als österreichisches Geschenk für den Zarenhof bestimmt sind. Bevor sie ihre Reise antreten können, geraten die Leuchter in die Hände der russischen Spionin Anna Demidow (Sybille Schmitz), die die Geheimfächer für ihre Zwecke nutzen will.

Ein Katz-und-Maus-Spiel zwischen Georg Wolenski, dem Kurier, und Anna Demidow beginnt. Dann werden die Leuchter gestohlen, und bei der Jagd nach ihnen, die sie beide gleichermaßen dringend zurückbrauchen, kommen sich die Kontrahenten näher, gibt die schöne Spionin Privates preis: »Vielleicht reise ich von Stadt zu Stadt, von Abenteuer zu Abenteuer nur, weil ich den Menschen noch nicht gefunden habe, für den ich mich interessieren könnte.«

Nachdem die Leuchter in einer Auktion wieder aufgetaucht sind und jeder von ihnen nur einen einzelnen ersteigern konnte, begraben Wolenski und Demidow ihre Rivalität und beschließen, künftig gemeinsame Sache zu machen. »Dieses Leben von Stadt zu Stadt, von Abenteuer zu Abenteuer, das ist doch kein Leben für eine Frau. Ich habe beschlossen, nur noch Frau zu sein«, erklärt Sybille, einsichtig geworden, am Ende. Immer häufiger fielen in deutschen Filmen jetzt Sätze wie diese, mit denen unabhängige Frauen zurechtgestutzt werden sollten für den Dienst an Heim und Herd.

Auch Sybille, die in den meisten ihrer bisherigen Rollen autonome Weiblichkeit verkörpert hatte, konnte solche »Bekehrungen« wie sie bald zum Kanon des Frauenbildes der 30er Jahre gehörten, nicht verhindern.

Obwohl Hartl ein in diesem Sinne penetrantes Happy-Ending vermeidet, hob die *Filmwoche* Sybilles Wandlung vom »Vamp« zur »liebenden Frau« besonders hervor.

Fast entschuldigend klingt Sybilles Erklärung, warum sie sich für einen durchschnittlichen Film wie DIE LEUCHTER DES KAISERS hatte verpflichten lassen: »Weil ich vertraglich verpflichtet war, und weil es Freude machte, bei Hartl zu arbeiten – zum erstenmal wieder seit F.P. 1.«

Was die Auswahl künftiger Rollen betraf, so war sie nach dem Image-Erfolg von FÄHRMANN MARIA wählerischer geworden. Sie sagt alle Filmangebote ab, möchte nur noch für Frank Wysbar arbeiten, dem sie auch privat eng verbunden ist. Wysbar seinerseits sieht sich gegenüber Sybille »als Treuhänder ihrer Begabung«, der sich verpflichtet fühlt, »sie nach bestem Gewissen einzusetzen«, wie er in einem Essay über Sybille schreibt.

Die Terra hat für Wysbar eine eigene Herstellungsgruppe eingerichtet, die ihn seinem Ziel näher bringen soll, »künstlerische Filme« zu drehen, und mit der er sein nächstes Projekt vorbereitet, in dem Sybille wieder die Hauptrolle spielen soll.

Darüber vergehen sechs Monate, in denen Sybille gemeinsam mit Wysbar und dem Autor der Vorlage, Reinhold Conrad Muschler, das Drehbuch entwickelt; Arbeitstitel: »Madeleine«. Sybille nutzt die drehfreie Zeit des Frühjahrs 1936 aber auch, um erneut umzuziehen – aus dem urbanen Wilmersdorf in den Grunewald. Am Seebergsteig, einer beschaulichen Wohnstraße, in der die Häuser von großen Gärten mit altem Baumbestand umgeben sind, bezieht sie eine Dreizimmerwohnung im ersten Stock einer Gründerzeitvilla.

Wichtigstes Möbelstück in ihrem Wohnzimmer ist ein massiger Phonoschrank, in dem inzwischen über 800 Platten stehen. Diese Sammelleidenschaft konkurriert mit einer unüberschaubar großen Batterie von

Parfums in ihrem Bad, die sie, je nach Tages- oder Jahreszeit, unterschiedlich benutzt. Zu ihrem Status gehört es jetzt auch, sich eine Haushälterin zu leisten. Und seit im vergangenen Herbst ihr erstes kleines Auto bei einem Unfall kaputt ging, fährt sie einen neuen, schwarzen Mercedes mit roten Ledersitzen.

Innerhalb von drei Jahren hat sie es geschafft, ihren Kindheitstraum wahrzumachen und zum Kino-Idol aufzusteigen. Doch souverän ist Sybille im Umgang mit dieser neuen Rolle offenbar noch nicht, das muß sie erst lernen.

Auf dem Filmball 1935: mit Theodor Loos, Karl-Ludwig Diehl u. a.

In dieser Umbruchphase besucht sie der Autor und Dramaturg Erich Ebermayer, um mit ihr die Details einer neuen Produktion zu besprechen, in der sie, nach Käthe von Nagy, die zweite weibliche Hauptrolle spielen soll.

Er notiert in sein Tagebuch: »Heute war ich also zur Teestunde bei ihr, und es war leider alles ein wenig komisch. Sie spielt Star. Sie glaubt, es ihrem Starruhm schuldig zu sein. Aber da ich ja viel mit Stars zu tun habe, die, je größer sie als Schauspieler sind, um so echter und einfacher sich zu geben pflegen, wirkte das Spiel nicht auf mich. Als ich den Salon betrat, lehnte sie träumerisch in einem Ohrensessel, Profil genau gegen das Licht, sah wirklich großartig aus und reichte mir, mit großer Geste, die Hand zum Kuß. Sie sagte nur wenig, ließ mich reden, lächelte unergründlich.

Schließlich ließ sie sich also vernehmen: ›Eine sehr schöne Rolle, Doktor. Ich spüre das. Sie würde mir auch liegen. Aber stellen Sie sich bitte die Reklamewand des Gloria oder des Kapitols bei der Uraufführung vor! Da müßte dann stehen: Käthe von Nagy – Sybille Schmitz in: usw. ... Daß das unmöglich ist für mich, ist wohl klar! Ich kann es mir nicht leisten, Zweite zu sein. Nie und nirgends! Wir brauchen darüber nicht zu reden.‹

Dann wurde sie menschlich, sie entspannte sich gleichsam, als ob sie den Blickwinkel der Kamera verließe. Das schöne marmorne Bild zerrann und löste sich auf. Eine nette, harmlose, nicht sehr kluge Frau kam zutage. ›Nehmen Sie einen Cocktail, Doktor, oder ein Glas Sekt?‹ fragte sie lässig. Sie schien meine Gedanken erraten zu haben, ich war schon fast eine Stunde bei ihr und rüstete mich nun nach dem Scheitern meiner Mission zum Gehen. Aber ehe es dazu kam, öffnete eine unwirsche Schlampe die Tür und rief kreischend: ›Wat is'n nu, Frolln Schmitz? Kann ik den Kaffee nu endlich reinbringen?‹

Kleiner Regiefehler. Wir tranken den gutbürgerlichen Kaffee mit Zichoriegeschmack und aßen Streuselkuchen vom Bäcker an der Ecke. Was wäre diese Sybille für ein netter Kerl, wenn sie nur ein bißchen klüger wäre und das Affentheater nicht mitspielen würde!«

Das »Affentheater«, das ist die Rolle, die sie glaubt, spielen zu müssen, wenn der Star in ihr angesprochen wird.

EINE PAPPEL BEI PAPA BENZ

Sie ist jetzt 26, und sie hat hart dafür gekämpft, aus dem ziemlich gewöhnlichen Namen Schmitz so etwas wie ein Markenzeichen zu machen. Da muß es sie treffen, wenn ein anderer versucht, sich dieses Label für eigene Karrierepläne nutzbar zu machen; um so mehr, wenn es sich um ein Mitglied ihrer eigenen Familie handelt.

Sybilles Schwester Christel war nach Berlin gekommen, um in ihre Fußstapfen zu treten. Die zwei Jahre jüngere hatte sich mit 17 von zu Hause nach Spanien abgesetzt, lernte dort Flamenco tanzen und arbeitete als Revuegirl. Im Frühsommer 1936, kurz vor Ausbruch des Bürgerkriegs, kehrte sie nach Deutschland zurück, um, mit Unterstützung Sybilles, ebenfalls beim Film unterzukommen.

Als Sybille davon erfährt, brechen Wunden aus ihrer Kindheit wieder auf, als sie sich gegenüber ihren Geschwistern benachteiligt fühlte. Sie wendet sich mit der Anfrage an die Reichsfilmkammer, wie ihr Name vor Mißbrauch durch die Schwester geschützt werden könne. Doch dort kann man ihr nicht weiterhelfen. So beläßt es Sybille dabei, ihrer Schwester die erhoffte Fürsprache zu verweigern.

Ob Sybille wirklich die Konkurrenz ihrer tanzbegeisterten Schwester fürchten mußte, die, blond und blauäugig, wenig Ähnlichkeit mit ihr aufwies?

Christel Schmitz heiratete später in Berlin den englischen Steptänzer Leslie Norton, emigrierte mit ihm im September '39 über die Schweiz nach London und gab ihre Laufbahn auf.

Im Juni '36 reist auch Sybille für einige Tage in die englische Hauptstadt. Zusammen mit Frank Wysbar besucht sie Robert Lantz, den jüdischen Freund und Autor, der inzwischen Deutschland verlassen hat. Die drei überarbeiten noch einmal das Drehbuch für »Madeleine«, der Tragödie einer Nachtclubsängerin mit ehrenwerter Herkunft, einer klugen, schönen Frau, die ins Rotlichtmilieu geschlittert ist, weil sie kein Glück mit Männern hatte und jetzt melancholisch singt: »Die große Liebe ist nur ein schönes Märchen, / Ich glaube nicht an sie, heut' nicht und nie!«

Sie hat sich geschworen, ihr Herz nie mehr zu verschenken. Es reicht, daß sie ihre Stimme – und manchmal auch ihren Körper – verkauft.

Doch dann wechselt sie für ein neues Engagement die Stadt und begegnet dort unter ungewöhnlichen Umständen einem Mann, in den sie sich, ihren Vorsatz vergessend, verliebt. Es wird die Liebe ihres Lebens, und es ist doch eine unmögliche Liebe, weil er bereits vergeben ist: an eine andere Frau und an eine berufliche Aufgabe, die ihn ins Ausland führt. Madeleine verbringt ein paar selige Tage mit Thomas, dem sie ihren Beruf verschweigt und ihre Gefühle verleugnet – aus Angst, sein geordnetes Leben zu gefährden.

Als er abreist und sie allein zurückbleibt, kommt auch für sie die Zeit zu gehen. Bald darauf wird eine unbekannte Tote aus dem Wasser gezogen.

Die Produktion begann Ende Juli mit den Außenaufnahmen in Dinkelsbühl und Stuttgart und zog dann nach Berlin um. Dies entsprach dem Weg, den Madeleine zurücklegt: aus einer kleinen Tanzbar über eine Provinzhauptstadt mit einem großen Bahnhof in die Metropole. Um die Nähe zur frankophonen Vorlage des Stoffes zu betonen, wurde Sybil-

Mit Jean Galland in *Die Unbekannte*, 1936

les Partner mit Jean Galland besetzt, der als Afrikaforscher Thomas Bentick in einer châteauartigen Villa lebt.

Doch die deutsche Provinz (deren Landschaften in langen Fahraufnahmen optisch eingefangen wird) ist mit der französischen nur bedingt vergleichbar, und der Flair von Berlin ist nicht der von Paris.

So wirken die Anspielungen auf »L'inconnue de la Seine« bemüht und deplaziert. Unübersehbar wollte Wysbar mit DIE UNBEKANNTE (wie der Film schließlich hieß) an den künstlerischen Erfolg von FÄHRMANN MARIA anknüpfen.

Doch diesmal fehlte Franz Weihmayrs Bildgestaltung (Kamera: Werner Bohne), und die Musik stammte auch nicht von Herbert Windt, dem Spezialisten für suggestiven Klangpathos, sondern von dem eher pragmatisch veranlagten Hans-Otto Borgmann, der in seinen Arrangements auf Beethoven- und Schubert-Symphonien zurückgriff.

Blieb Sybille, die sich mit einem Partner schwer tat, dessen theatralische Spielweise besser in einen Stummfilm gepaßt hätte, und die mit der Schwülstigkeit mancher Dialoge zu kämpfen hatte.

»Schauspieler gibt es viele, doch Gesichter, die für sich sprechen, selten«, hatte Wysbar über Sybille geurteilt und setzte mit DIE UNBEKANNTE erneut auf diese Qualität. So gibt es wunderschöne Portraitaufnahmen von Madeleine, die einmal mit gesenktem Blick wie eingesperrt hinter einem Fenster steht, auf dem Regentropfen abperlen. Und dann natürlich die in einer Arrestzelle aufgebahrte, tote Madeleine, mit den friedvoll geschlossenen Augen und dem feinen, überirdischen Lächeln auf den Lippen, das die Polizisten so irritiert. Ein Lächeln, »zu groß« für das Milieu und die Figuren des Films, die neben dieser Frau »klein und schwach« wirken – wie die *LichtBildBühne* nach der Premiere von DIE UNBEKANNTE am 19. 11. 1936 schrieb.

»Ein Film ohne Happy End, ohne Kompromiß«, hatte Wysbar in einem Drehbericht DIE UNBEKANNTE charakterisiert.

Vielleicht war genau dies das Problem des Films und seiner Protagonistin: eine pessimistische Grundstimmung herrscht in ihm vor, die durch die kurzen Glücksmomente nur unterstrichen wird. Denn von Anfang an ist klar, daß Madeleine dem Stigma ihres verruchten Gewerbes nicht entkommen kann – wogegen sie weniger kämpft, als stumm darunter zu leiden. Anstatt sich dem Geliebten zu offenbaren, verleugnet sie sich. So bleibt sie mit ihrer verborgenen Liebe für Thomas allein. Und so fehlt dieser Liebe auch der Glaube an deren positive, verändernde Kraft, die Madeleines Leben erfassen und neu definieren könnte.

Statt dessen erfüllt sich an ihr unabwendbar das Schicksal. Die Konsequenz, mit der Wysbar dies vor Augen führte, stieß beim Publikum auf wenig Gegenliebe und führte dazu, daß DIE UNBEKANNTE bald wieder aus den Kinos verschwand. Auch Goebbels, der den Film wie stets vorab zu sehen bekommen hatte, war mit Wysbars Werk schnell fertig: »Ganz konstruiert, gemacht, manchmal direkt albern.« (Tagebuch vom 11. November 1936).

Wysbars Regiekarriere wurde nach zwei weiteren, kleinen Filmen 1938 unterbrochen, als er wegen seiner jüdischen Ehefrau und politischen Einstellung Berufsverbot erhielt und in die USA emigrierte. Dort arbeitete er unter dem Namen Frank Wisbar überwiegend für das Fernsehen und kehrte erst 1956 wieder nach Deutschland zurück.

Der Mißerfolg der UNBEKANNTEN stoppte Pläne für weitere gemeinsame Projekte zwischen Wysbar und Sybille, die sich neu orientieren mußte und plötzlich nicht mehr so wählerisch mit ihren Rollen sein konnte.

Nur drei Filme entstanden 1937 mit Sybille, deren Leinwandkarriere in diesem Jahr seltsam zu stagnieren scheint. Es fehlen Herausforderungen, die ihren seit FÄHRMANN MARIA erreichten Stand als führende Charakterdarstellerin hätten behaupten und weiter ausbauen können.

Sie ist gezwungen, Kompromisse zu schließen, spielt in Filmen, deren Titelvorspann sie zwar nach wie vor an erster Stelle nennt, in denen aber dann ihr Anteil geringer als erwartet ausfällt. Oder in denen wieder das gewohnte Image der fremdländischen *femme fatale* bedient wird. Routine also.

DIE KRONZEUGIN etwa, eine Mischung aus Krimikomödie, Melodram und *Whodunnit*, von Georg Jacoby, dem Unterhaltungsspezialisten im Kino des Dritten Reichs.

Sybille gibt darin die Sängerin Jelena Jokowska, die unter Verdacht gerät, die Frau des berühmten Opernkomponisten Laurin (Ivan Petrovich) ermordet zu haben. Erst sieht es so aus, als habe Stefan Laurin selbst seine Frau durch einen fingierten Unfall umgebracht. Doch als er deshalb vor Gericht gestellt wird, entlastet ihn die Sängerin, die ihre Liebe zu dem Angeklagten gesteht und von jetzt an als Hauptverdächtige gilt.

Ein geschmäcklerisch Goethe und Schiller zitierender Kriminalrat (Gustav Waldau) führt die Ermittlungen, die sich jetzt allein auf Jelena richten. Deren selbstbezichtigende Andeutungen und verräterische Blicke machen sie für den Zuschauer ohnehin von Anfang an zur Mörderin. Als aus ihrem Papierkorb das entscheidende Indiz gefischt wird, scheint der Fall gelöst. Doch dann löst sich kurz vor Schluß alles in Wohlgefallen auf, wird die wahre Täterin präsentiert.

Sybille wirkt deplaziert in diesem Film, und das liegt nicht nur daran, daß sie als Opernsängerin (mit gedoubelter Stimme) ebensowenig überzeugt wie als Geliebte Ivan Petrovichs (peinlicher Höhepunkt: eine Szene beim Skiurlaub, in der die beiden verklemmt auf junges Glück machen). Es liegt auch am Umfeld: an den platten Dialogen, vertrottelten Polizisten und überspannten Musikeinlagen.

Auch Goebbels kanzelte DIE KRONZEUGIN in seinen Tagebüchern mit der Bemerkung ab: »Schlecht und plump gemacht. Wird kein Erfolg werden.« (11. April 1937).

Zufriedener hätte der Propagandaminister eigentlich mit Sybilles nächstem Film sein müssen, der Anfang Oktober in die Kinos kam: SIGNAL IN DER NACHT von Richard Schneider-Edenkoben sollte das Publikum auf bevorstehende außenpolitische Entwicklungen einstimmen, und es ist schwer nachvollziehbar, warum sich Sybille ohne Not für dieses Agitationsstück in deutsch-österreichischem Nationalismus hergab. Oder sollte es für sie das einzige Angebot dieses Sommers gewesen sein?

Andererseits war es eher wieder eine Rolle nach ihrer Façon: die einer unergründlichen Frau inmitten einer verfeindeten Männerwelt.

SIGNAL IN DER NACHT spielt während des Ersten Weltkriegs und zeigt Sybille als Schloßherrin in einem südtiroler Castello, unmittelbar an der österreichisch-italienischen Front.

Ihr Mann ist gefallen. Schon bei der Hochzeit kurz vor Kriegsausbruch war ihr als Österreicherin klar geworden, daß sie mit einem Italiener den Falschen geheiratet hatte. Jetzt hält sie, zusammen mit ihrer Schwägerin (Inge List), auf dem kleinen Familienbesitz aus, der mitten im Kampfgebiet liegt. »Wohin gehöre ich?« Um diese Frage kämpft Brigitte Bernini, geborene von Schachen, mit sich selbst. Als Österreicherin, die in Italien lebt, muß sie den Soldaten beider Lager gleichermaßen suspekt sein.

Ihr Schloß ist von Österreichern besetzt, doch in einem Schacht unterhalb des Weinkellers versteckt sich ein italienischer Sprengtrupp, der auf den geeigneten Zeitpunkt wartet, eine strategisch wichtige Brücke in die Luft zu jagen.

Eine Frau im Dilemma. Spielt sie die beiden Parteien gegeneinander aus? Wie schon in DIE KRONZEUGIN fällt auch diesmal der Verdacht auf Sybille, weil sie, statt zu erklären, auf wessen Seite sie steht, nur diffuse Auskünfte gibt.

Ihre Ambivalenz macht sie zum Sicherheitsrisiko. Die Österreicher weisen sie und ihre Schwägerin vom Schloß. Als sie, den Befehl ignorierend, auf ihren Besitz zurückkehrt, wird sie als Verräterin vor ein Standgericht gebracht.

»Das Schicksal hat die Gräfin zwischen zwei Fronten gestellt, und ich traue ihr nicht die Kraft zu, sich für ihre Heimat zu entscheiden«, hält ihr der Ankläger vor. Doch im letzten Moment wird die Gräfin entlastet und darf sich als glühende österreichische Patriotin bekennen. Auch wird für die Zukunft der Fall der Grenzen zwischen Österreich und Italien vorausgesagt: eine Anspielung auf die Allianz zwischen dem künftigen Großdeutschen Reich, zu dem fünf Monate nach Start des Films schon Österreich gehörte, und Mussolinis Italien.

SIGNAL IN DER NACHT hatte am 1. Oktober 1937 in München Premiere. Auch Sybille war dabei. Vier Wochen später sollte sie wieder kommen und länger bleiben: in einer Inszenierung von Friedrich Domin gastierte sie mit der Titelrolle von Strindbergs »Königin Christine« an den Münchner Kammerspielen.

Eine Liebestragödie um die schwedische Herrscherin und Tochter Gustav Adolfs, die 1654 aus Liebe zu einem Mann abdankt, von diesem aber verstoßen wird, nachdem er erkannt hat, daß hinter der edlen Königin nur das nackte Weib, die Dirne steckt.

»Sybille Schmitz spielte mit vollen und betörenden Registern diesen Kurtisanencharakter aus«, schrieb ein Kritiker. »Sie war die Frau zwischen Christel und Christine, schillernd zwischen dem lüsternen Mädchen und der Königin.

Hier ließ sie alle Register zwischen Liebe und Grausamkeit spielen, die *femme chatte*, die Frau als Katze, die mit dem Schicksal der Männer und dem des Volkes spielt…«

Der gleiche Rezensent bemängelt dann aber doch, daß es beim bloßen Spiel bleibe und es Sybille weder gelinge, die emotionale Wucht ihrer Liebe glaubhaft zu machen, noch den Trennungsschmerz und Reifeprozeß infolge ihrer Verstoßung.

Nach den Vorstellungen zieht Sybille mit Kollegen und Freunden regelmäßig durch Schwabing. Ihre Stammkneipe wird das Papa Benz in der Leopoldstraße, ein Künstlertreff, in dem der Wirt zur Gitarre melancholische Wienerlieder singt. Oft sitzt sie mit ihrer Clique lange nach Polizeistunde als letzte am Tisch. Getrunken wird viel in dieser Zeit.

Einmal kommt es zwischen Sybille und einer jungen Frau, von der sie sich provoziert fühlt, zum Streit. Sybille wird handgreiflich, ohrfeigt ihre Gegnerin. Die reagiert mit dem Satz: »Sie sind die charmanteste Dame, die der deutsche Film aufzuweisen hat. Was Sie soeben bewiesen haben.« Beschämt bricht Sybille in Tränen aus, verläßt fluchtartig das Lokal und vergräbt sich.

In den nächsten Tagen ist der Auftritt vergessen. Dann ist sie unkompliziert, wie sie ihre Freunde kennen, macht großzügige Geschenke oder lädt spontan zu einer Privatfete auf ihr Hotelzimmer.

»Sybilles unbürgerliche Einfälle paßten in Schwabings Atmosphäre«, erinnert sich ihr damaliger Münchner Freund Kaku Wolter. »Manchmal rief sie spät nach Mitternacht an und erzählte von einem Buch, das sie gerade begeisterte oder von einer neuen Schallplatte.

›Ich schick sie dir morgen‹, versprach Sybille, und dann kam ein Päckchen per Eilboten. Wir dankten ihr auf unsere Weise und tauften eine Pappel vor dem Benz auf den Namen Sybille.«

Illustrierter
Film-Kurier
DIE
UNBEKANNTE

Als Gina Ekdal in Ibsens *Die Wildente*, Hess. Landestheater Darmstadt, 1931

55v
Ufaleih
F. P. 1
an:wortet nicht.

9545/1
Pallas-Film der Terra

34.
Fähr ann Maria
Verleih

Als Dienstmädchen Erna Zuwade in *Oberwachtmeister Schwenke*, 1935

F.P. 1 antwortet nicht, 1932

F.P. 1 antwortet nicht, 1932

Clarissa, 1941

Die Frau ohne Vergangenh

Ein idealer Gatte, 1935

Punks kommt aus Amerika, 1935

A 3757/1
TOBIS
Star-Foto-Atelier

Signal in der Nacht, 1937

H. P. Produktion
„Die Unbekannte"
TERRA
Verleih

Die Hochstaplerin, 1944

24. 12. 42.
W 66
Film • Foto • Verlag
TOBIS
Star-Foto-Atelier

Trenck, der Pandur, 1940

Trenck, der Pandur

Die Kronzeugin, 1937

8142/1

Trenck, der Pandur, 1940

Hotel Sacher, 1939

Sensation im Savoy, 1950

Kronjuwelen, 1950

Die Lüge, 1950

Das Haus an der Küste, 1954

Totenmaske

EIN BESUCH MIT FOLGEN

Die fröhlichen Schwabinger Nächte konnten nicht darüber hinwegtäuschen, daß Sybille im Herbst 1937 zum erstenmal seit Beginn ihrer Karriere finanzielle Probleme hatte.

Mit drei Filmen und ihrer Theaterarbeit hatte sie seit Jahresbeginn mehr als 120 000 Reichsmark verdient – was heute etwa dem zehnfachen Wert entspricht. (Zum Vergleich: ein Staatssekretär brachte es auf 20 000 Mark Jahreseinkommen, ein Facharbeiter auf 2 500. Ein Kilo Mischbrot kostete 1937 dreißig Pfennige, eine viertürige Mercedeslimousine 3 850 Mark). Eine Summe also, mit der sie zu den Spitzenverdienern des deutschen Films zählte und eigentlich mehr als zufrieden hätte sein können. Probleme aber machte das Finanzamt, das Sybille mit dem Spitzensteuersatz belegte, und dem gegenüber sie auf ihr Einkommen Werbungskosten in Höhe von nur 20% geltend machen konnte. Eine allgemeine Regelung, die vielen ihrer prominenten Kollegen zu schaffen machte.

Eine Schikane, wie Sybille findet, die deshalb Ende Oktober persönlich bei Goebbels vorspricht. »Sybille Schmitz kommt mit Steuersorgen«, notiert der anschließend in sein Tagebuch. »Ich geige ihr die Meinung. Sie hat keine Disziplin weder im Leben noch im Arbeiten.«

Worauf spielt dieser Satz an?

Sybilles Ablehnung durch Goebbels, wie sie schon frühere Notate belegen, entsprang offenbar weniger persönlicher Antipathie als gekränkter Eitelkeit.

Im Winter 1932 hatte der eifrige Kinogänger Goebbels Sybille in F.P. 1 ANTWORTET NICHT entdeckt und war angetan von der jungen Frau, die wie er aus dem Rheinland stammte.

Ohne Sybilles Haltung zu Männern (schon gar zu einem wie ihm) zu kennen, versuchte er, sie auf seine notorische Art anzumachen – was ihm später bekanntlich den Titel »Bock von Babelsberg« eintrug.

In seiner »Es war eine rauschende Ballnacht« betitelten Sittengeschichte des deutschen Films erwähnt Géza von Cziffra die Frau eines Düsseldorfer Großindustriellen, die Anfang der 30er Jahre gelegentlich nach Berlin fuhr, um sich im Hotel Kaiserhof mit Sybille ein paar schöne Nächte zu machen.

Eines Abends wurden sie gestört: »Wir lagen schon im Bett, als das Telefon klingelte. Dr. Goebbels war am Apparat. Er sagte, er habe mit Überraschung gehört, daß Sybille zur Zeit im Kaiserhof wohne. Er wolle sie zum Souper einladen. Sybille bedauerte, sie wäre müde von der Dreharbeit und läge schon im Bett. Aber Goebbels ließ sich nicht abwimmeln. Um so besser, meinte er. Er wäre ohnehin in der Gegend und wolle sie auf ihrem Zimmer besuchen. Sie solle ihm ganz einfach ihre Zimmernummer nennen. Sybille sagte eine x-beliebige Nummer und legte auf.

Am nächsten Tag hörten wir dann, in der Nacht habe es einen Skandal gegeben. Minister Goebbels hätte unbedingt in das Zimmer eines japanischen Wirtschaftsdelegierten eindringen wollen.«

Was immer an dieser Anekdote dran sein mag: Tatsache ist, daß Sybille – im Gegensatz zu mancher Kollegin – Goebbels konsequent abblitzen ließ. Eine andere Begebenheit lag noch nicht so lange zurück, als Sybille den Propagandaminister im Oktober 1937 aufsuchte.

Drei Monate zuvor war sie von der Reichsfilmkammer zu einer Stellungnahme aufgefordert worden, warum Kleidungsstücke und Schmuck im Wert von 4 000 Mark, die sie bei einem Besuch im sizilianischen Taormina gekauft hatte, trotz mehrfacher Mahnungen der betroffenen Firmen, noch nicht bezahlt worden seien. »Ich bin der Auffassung«, schloß der Brief des stellvertretenden Reichsfilmintendanten Walter Müller-Goerne, »daß ein solches Verhalten deutscher Künstler für das Ansehen der deutschen Kunst im Ausland abträglich ist.«

Es ist möglich, daß Goebbels von dieser Angelegenheit erfuhr, wodurch seine Tagebuchnotiz von wegen Sybilles Disziplinlosigkeit besser verständlich wird. Es ist auch wahrscheinlich, daß der mächtige Propagandaminister diesmal Sybille mit ihren Steuersorgen abblitzen ließ.

Als er knapp zwei Wochen später nach München kommt, um an den alljährlichen Gedenkfeiern zum Marsch auf die Feldherrnhalle teilzunehmen, läßt sich Sybille, die inzwischen mit »Königin Christine« hier gastiert, erneut einen Termin geben. Am 8. November 1937 trifft sie Goebbels nachmittags um fünf in seinem Münchner Quartier, dem Hotel Bayerischer Hof. Die Unterredung kann nicht lange gedauert haben, es gab an diesem Tag noch anderes zu tun: morgens Görings Rede über den Vierjahresplan, mittags Parteiessen im Rathaus, anschließend

Eröffnung der Ausstellung »Der ewige Jude« – und abends die zentrale Gedenkversammlung im Bürgerbräukeller unter Anwesenheit des Führers.

Wie lange und heftig (oder kurz und bündig) das Gespräch zwischen Goebbels und der vermeintlich disziplinlosen Diva immer gewesen sein mag: glaubt man Sybilles späteren Aussagen, so erklärt der Minister sie an diesem Nachmittag »persönlich für verboten«.

In Sybilles Version gerät also der 8. November '37 zum Schicksalstag ihrer Karriere. Seltsam ist nur, daß weder in Goebbels' akribisch geführten Tagebüchern noch in Sybilles Personalakte der Reichsfilmkammer Entsprechendes vermerkt ist. »Im Hotel Arbeit und Palaver« ist alles, was zum Nachmittag des 8. November bei Goebbels steht. Und in der vom Bundesarchiv verwahrten Personalakte Sybilles fehlt jeder Hinweis für ein solches Arbeitsverbot.

Denkbar ist nur, daß Goebbels in einem seiner typischen Wutanfälle ein solches Verbot angedroht hat, ohne es dann in die Tat umzusetzen – was den Ausschluß aus der Reichsfilmkammer bedeutet hätte.

Sybilles Name verschwand nicht mal von Liste 2 der Reichsfilmkammer, die den Produktionschefs vorlag, und auf der alle Schauspieler aufgeführt waren, die vorbehaltlos beschäftigt werden durften.

Fünf verschiedene solcher Listen hatte der damalige Reichsfilmintendant Fritz Hippler zum streng vertraulichen Gebrauch anlegen lassen: von Liste 1 mit unbedingt zu besetzenden Prominenten, die die besondere Gunst Hitlers oder Goebbels' genossen (hierzu gehörten etwa ein Dutzend Namen wie Zarah Leander, Heinz Rühmann oder Lil Dagover) bis Liste 5, auf der Schauspieler genannt wurden, die sich unbeliebt gemacht hatten und kaltgestellt werden sollten (wie etwa Werner Finck). Sybille wanderte auch nicht von Liste 2 (auf der mit einigen hundert Nennungen die meisten Schauspieler standen) auf Liste 4: bei den (circa zehn) Namen, die hier auftauchten, mußten Regisseur oder Produktionschef ihren Besetzungswunsch ausdrücklich begründen, der daraufhin Goebbels zur Genehmigung vorgelegt wurde.

Fritz Hippler kann sich auch nicht erinnern, daß Goebbels den Namen Sybille Schmitz je im Zusammenhang mit einem Verbot erwähnte: »Wenn es eine entsprechende Order gegeben hätte, wäre sie schriftlich an die Produktionsabteilungen der Studios weitergegeben worden.«

Mit Heinz Rühmann in *Die Umwege des schönen Karl*, 1938

Zwischen Sybilles nächsten beiden Filmen klafft eine Lücke von mehr als einem halben Jahr: DIE UMWEGE DES SCHÖNEN KARL entstand im Oktober 1937, also kurz vor der Aussprache mit Goebbels, TANZ AUF DEM VULKAN im Juni 1938.

Doch schon die Besetzungsliste der UMWEGE DES SCHÖNEN KARL zeigt, daß Sybilles Karriere auch ohne Zutun des Propagandaministers eine andere Wendung nahm: ihr Anspruch, ausschließlich Hauptrollen zu spielen, ließ sich nicht mehr realisieren. Im Programmheft der von Carl Froelich inszenierten Heinz-Rühmann-Komödie erscheint Sybilles Name an elfter Stelle. Der Vorspann des Films erwähnt nur Froelich und präsentiert Rühmann, ohne ihn namentlich zu nennen, als Hauptdarsteller.

Rühmann gibt den schönen Kellner Karl, der aus der Provinz nach Berlin kommt, dort auf die schiefe Bahn gerät, bis ihn sein Mädel (Karin Hardt), das nachgereist ist, raushaut und wieder zu einem anständigen Kerl macht. Der Film ist 1930 angesiedelt und mokiert sich über typische Erscheinungsformen der »Systemzeit«: leerlaufenden Parlamentarismus, abstrakte Kunst, gleichgeschlechtliche Liebe und Glücksspielkriminalität. Kellner Karl wechselt nach der Sommersaison in einem Ostseebad in ein Berliner Restaurant und rettet eines Abends beim Gang durch den Tiergarten eine junge Frau vor einem Handtaschendieb.

Es ist, gespielt von Sybille, die Tochter eines Reichstagsabgeordneten, die ihren Retter mit nach Hause nimmt, ihrem Vater (Paul Bildt) vorstellt und in die besseren Kreise einführt. Dort hält man wegen seiner perfekten Manieren den Kellner für einen Industriellen und möchte ihn für eine Karriere in der Partei des Vaters gewinnen. Auch die mondäne, etwas vereinsamte Lu ist Karl gegenüber nicht abgeneigt und nimmt ihn sich schließlich.

Als potentieller Heirats- und Reichstagskandidat erlebt Rühmann die seltsamen Gepflogenheiten der Bourgeoisie von einst wie eine Reise durch ein exotisches Land. Dabei begegnen ihm gespreizte Politiker, die für »Trinkgeld-Ablösung« und ähnlich absurde Ziele zur Konjunkturbelebung kämpfen, er erlebt ein lesbisches Paar, das über eine moderne Klassikeraufführung schwadroniert und beweist, daß er die Philosophie der Reichen schnell begriffen hat: »Macht denn Geld wirklich glücklich?«, möchte Lu von Karl wissen – für sie eine rein rhetorische Frage. »Nein«, erwidert Karl, »aber es macht Spaß!«

Natürlich fliegt dann sein ganzer Schwindel auf, läßt ihn Lu fallen, als sie merkt, daß sie es nur mit einem kleinen Kellner zu tun hat.

Dafür steht seine Verlobte (Karin Hardt) zu Karl, die er nach seiner Rückkehr aus dem Großstadtsumpf wieder in die Arme schließen darf.

Neben Philipp Lothar Mayring schrieben Jacob Geis und Harald Braun das Drehbuch zu DIE UMWEGE DES SCHÖNEN KARL, einem als Satire auf eine überkommene Zeit verkauften Film, der aber eher denunziatorisch wirkt. Nicht zuletzt durch die Mitwirkung des alles andere als regimetreu bekannten Kabarettisten Werner Finck, der – vor seinem Verbot – einen servil-geschwätzigen Journalisten mit unverkennbar jüdischen Zügen spielt.

Sybilles Rolle war nicht vergleichbar demagogisch. Zwar trifft sie als mondäne, charakterlose Städterin »den Ton dieser Kreise der damaligen Zeit haargenau«, wie die *LichtBildBühne* lobte, doch verkörpert sie damit eher die klassische Antagonistin zu Karin Hardt, dem blonden, aufrechten Mädel vom Land.

WETTERLEUCHTEN

»Anfang '38 ging es dann ziemlich um die Wurst, meine Freunde hatten mehr Angst um mich als ich selbst«, berichtet Sybille Jahre später dem in die USA emigrierten Freund Paul Falkenberg über ihre Situation nach der Aussprache mit Goebbels. Dies liest sich so, als sei ihr Leben bedroht gewesen, hätte ihre Verhaftung bevorgestanden.

Ganz so dramatisch kann es nicht gewesen sein; bedroht war allenfalls die Karriere. Denn daß ein Filmstar wegen eines Steuerstreits (der möglicherweise heftig geführt wurde und eine allgemeinere Wendung annahm) im KZ gelandet wäre, dürfte auch damals niemand ernsthaft angenommen haben.

Wahrscheinlicher ist, daß Sybille sich von Goebbels keine Förderung mehr erwarten durfte.

Tatsächlich vergehen sieben Monate bis zu ihrem nächsten Film. Und auch der kommt nur zustande, weil, wie sie schreibt, ihr Kollege Gustaf Gründgens sie bei Goebbels »durchkämpft«.

Als Generalintendant des Preußischen Staatstheaters war Gründgens zwar dem Ministerpräsidenten und Goebbels-Rivalen Göring unterstellt, besaß aber beim Propagandaminister genügend Einfluß, um ihn für Sybille geltend zu machen: die Rede ist von TANZ AUF DEM VULKAN, ein Film von Hans Steinhoff, in dem sie, als Partnerin von Gründgens, die weibliche Hauptrolle spielen darf.

Angesiedelt um 1830 in Paris, erzählt TANZ AUF DEM VULKAN die Geschichte des legendären Komödianten und Revolutionärs Debureau (Gustaf Gründgens), der als Held eines frivolen Singspiels Abend für Abend im ausverkauften »Théâtre Funambules« auftritt.

Vom gleichen Ort aus werden Flugblätter mit beißenden Spottversen gegen den amtierenden Herrscher, Karl X., unters Volk gebracht als deren Urheber nur Debureau in Frage kommen kann: »König Karl auf Frankreichs Thron/Ist von Gott geschaffen/Doch du gleichst dem Menschen nicht/Sondern mehr dem Affen.« Mit solchen und ähnlichen Sprüchen gewinnt Debureau die Sympathien des Publikums.

Ganz Paris amüsiert sich über diesen Menschen, nur er selbst hat nichts zu lachen: ist er doch ausgerechnet in die Mätresse jenes Königs Karl (Ralph Arthur Roberts) verliebt, den er politisch bekämpft.

Sybille als Héloise ist eine Frau zwischen drei Männern: verheiratet ist sie mit dem Grafen Cambouilly (Theo Lingen), umworben wird sie vom König, der sie zur Freundin möchte, doch lieben tut sie Debureau. Und umgekehrt. Wenn ihre Loge einmal leer bleibt, möchte er nicht auftreten. Und wenn Héloise dann doch erscheint, unternimmt er mit ihr zwischen zwei Auftritten einen kurzen Ausflug in ihr Schlafzimmer, um rechtzeitig zum Finale zurück zu sein.

Ihren Ehemann behandelt die Gräfin als das, was er ist: ein verachtenswerter, lächerlicher Lakai, der für die eigene Karriere seine Frau zu opfern bereit ist. Doch die läßt sich nicht so leicht verkuppeln: der Einladung zu einer Soirée beim König zieht sie, Migräne vortäuschend, einen heimlichen Besuch im »Théâtre Funambules« vor.

Als der König eines Abends höchstpersönlich dort vorbeischaut und Héloise in Debureaus Garderobe entdeckt, eskaliert der Konflikt: Debureau macht den König vor ausverkauftem Haus lächerlich, der gedemütigte Herrscher will den Rebellen festnehmen lassen, doch der entkommt, flüchtet sich zu Héloise. In einer dramatischen Aussprache versucht Debureau, die Geliebte dazu zu bewegen, mit ihm nach England zu fliehen. Doch hier läßt sie ihn abblitzen. »Ich kann aus meiner Welt nicht heraus!«, erklärt sich Héloise, warum sie als Gräfin nicht mit einem Komödianten ziehen kann.

In Wahrheit ist es wohl eher ihr Unwille, sich für irgend einen der drei Männer und das damit verbundene Leben zu entscheiden. So stark, wie sie selbst ist, nimmt sie lieber den Kompromiß in Kauf, als einem gleich starken Mann zu gehören, der ihre Autonomie gefährden könnte.

Damit wird sie für Debureau fast zum Verhängnis: ohne sie hat er keine Lust mehr zu leben. Er stellt sich selbst und soll hingerichtet werden. Doch auf dem Weg zum Schafott beginnt das Volk zu rebellieren, und es ist jetzt der König, der fliehen muß.

Man fragt sich, warum ein Film wie TANZ AUF DEM VULKAN, der so offen zum Widerstand gegen den Staat aufruft und seine Autorität lächerlich macht, im Nazideutschland des Jahres 1938 überhaupt entstehen konnte.

Denn was in der Kulisse Frankreichs und im Kostüm des frühen 19. Jahrhunderts daherkam, ließ sich unschwer auf aktuelle deutsche Verhältnisse übertragen. Ein selbstherrlicher Despot, der sich unter

Als Héloise in *Tanz auf dem Vulkan*, 1938

dem besonderen Schutz Gottes sah: sollte dies keine Anspielung auf den von der »Vorsehung« gesandten Führer sein? Und war nicht das Titellied »Die Nacht ist nicht allein zum Schlafen da« mit seinem Aufruf zu »Schlendrian«, »Rebellion« und »Amnestie aller braven Sünder« eine Absage an das mit Gestapohilfe geschaffene Klima von Ruhe und Ordnung? Mußten schließlich Sätze wie »Jedes Volk hat die Regierung, die es verdient!« nicht zersetzend wirken?

Wie konnte ein Film, der aus seiner sarkastischen Ablehnung gegenüber eitlen Herrschern und Polizeistaatmethoden keinen Hehl machte, ungehindert die Zensur passieren und obendrein noch das Prädikat »künstlerisch wertvoll« erhalten?

Geplant war TANZ AUF DEM VULKAN tatsächlich als Anti-Frankreich-Film, in dem ein Komödiant das Volk gegen die verhaßte Monarchie aufbringt – Hitler, der sich selbst gern als Volkstribun sah, teilte bekanntlich dem Adel gegenüber diese Haltung. Der Regisseur Hans

Steinhoff, auf dessen Konto Filme wie HITLERJUNGE QUEX oder DER ALTE UND DER JUNGE KÖNIG gingen und der als glühender Nazi über jeden Verdacht erhaben war, dürfte auch diesmal keine anderen Absichten verfolgt haben. Daß der Film eine aktuelle Bedeutung bekam, ist allein Gustaf Gründgens zuzuschreiben, dessen Debureau alles andere als wie ein Held vergangener Tage wirkt, sondern vom ersten Moment an der überragende Sympathieträger ist.

Sieht man ihn und Sybille in ihren gemeinsamen Szenen, so wird verständlich, warum Gründgens sich Sybille als Partnerin wünschte. Es läßt sich keine andere Schauspielerin denken, die es mit Gründgens besser hätte aufnehmen können.

Gründgens' Debureau und Sybilles Gräfin Camboully: zwei stolze, eigenwillige Persönlichkeiten, die sich nichts schenken und doch hervorragend zusammenpassen.

Ein weiteres Indiz dafür, daß mit TANZ AUF DEM VULKAN weniger deutsche als französische Verhältnisse angesprochen werden sollten, ist Goebbels' Haltung gegenüber Sybilles Besetzung: hätte er in dem Projekt eine oppositionelle Tendenz erkannt, so wäre er von niemandem (schon gar nicht Gründgens) davon zu überzeugen gewesen, einer Schauspielerin die weibliche Hauptrolle zu geben, auf die er sich eingeschossen hatte. Hitler, der TANZ AUF DEM VULKAN vorab sah, soll über den Film gelästert haben. Dessen mögliches Gefahrenpotential brauchte er freilich nicht zu fürchten: im Jahre sechs nach der Machtergreifung waren sein Regime und Ansehen so gefestigt wie nie zuvor. Da konnten Filme wie dieser nicht wehtun. Eher kam ihnen eine Art Ventilfunktion zu. Sybille zufolge durfte sie nach ihrem Verbot nur noch »auf Wunsch und Anweisung« des Propagandaministers spielen. Doch auch hierfür fehlt in den Akten ein Beleg.

Sollte es sich aber um eine mündliche Order gehandelt haben, so läßt sich nicht feststellen, daß Sybille davon benachteiligt gewesen wäre.

Zwar drehte sie von 1938 bis Kriegsende nicht mehr als zwei Filme jährlich, doch sie spielte darin stets die weibliche Hauptrolle, in einigen sogar die Titelrolle. Ihre Gagen blieben konstant auf hohem Niveau (sie bekommt pauschal 40 000 Reichsmark pro Film), und was die Art ihrer Rollen betrifft, so mußte sie – von wenigen Ausnahmen abgesehen – keine Kompromisse schließen. Daß ihr Goebbels' angebliches

Hotel Sacher, 1939

Verdikt alles andere als schadete, beweist Sybilles nächster Film, der unter der Regie von Erich Engel im Winter 1938/39 in den Wiener Rosenhügelstudios für die Ufa entstand und der zu ihren besten zählt: HOTEL SACHER.

In der Silvesternacht 1913 trifft im Wiener »Hotel Sacher« ein Kaleidoskop unterschiedlicher Menschen aufeinander, um den bevorstehenden Jahreswechsel zu feiern: Hochadel und Botschaftspersonal und Geheimpolizei, vornehme Damen und fesche Maderln. Ein Paar auf Hochzeitsreise und eines, das sich nach langer Trennung zum erstenmal wiederbegegnet: Nadja Petrovna Woroneff (Sybille Schmitz) und Stephan Schefcuk (Willy Birgel) haben sich einmal geliebt. Dann wanderte der Staatsbeamte für einige Jahre wegen Hochverrats hinter Gitter, während die russische Agentin überstürzt verschwand. Hat sie ihn für ihre politischen Zwecke mißbraucht, um ihn dann zu verraten? will er heute von seiner früheren Geliebten wissen. Viel Zeit bleibt ihm nicht, denn schon am nächsten Morgen soll er wegen eines ominösen Geheimkontos erneut verhaftet werden. Die schöne Nadja gibt sich zugeknöpft, »kann und will« ihm keine Auskunft über die Zusammenhänge geben, die ihr Glück damals beendeten.

Statt dessen flüchtet sie sich in die Gesellschaft der Herren von der russischen Botschaft, die in einem Séparée feuchtfröhlich das neue Jahr erwarten. Als es Schefcuk dann doch schafft, Nadja unter vier Augen zu sprechen, versucht sie, den loyalen Österreicher für ihre Sache, den Freiheitskampf der Ruthenen, zu gewinnen.

»Unser altes Österreich ist wie ein Hotel«, sagt einmal Hedwig Bleibtreu als ebenso umsichtige wie lebensweise Direktorin des »Sacher«: »So viele Zimmer, so viele verschiedene Völker. Und alles bequem unter einem Dach.«

Damit wird es bald vorbei sein. Es kriselt im Vielvölkerstaat, und das neue Jahr wird nichts von dem lösen, »was uns heute noch dunkel und verworren scheint«, wie Nadja beschwichtigend zu Schefcuk meint. Statt dessen fällt im »Sacher« kurz nach Mitternacht ein Schuß, der im Lärm der Böller untergeht, beginnt das neue Jahr mit einem Toten. Kein gutes Omen für das »Hotel« Österreich, in dem acht Monate später der Erste Weltkrieg ausbricht.

Vor dem Hintergrund einer geschickt in Episoden erzählten, rauschenden Wiener Ballnacht entfaltet Erich Engel sein Melodram um Liebe und Verrat, um persönliche Leidenschaft und politische Berufung.

Der bis zum Affront direkte Birgel und Sybille als kapriziöser, weiblicher Gegenpol: das ist eine explosive Verbindung, die in einem Knall enden muß. Denn je heftiger Schefcuk die Frau, die er immer noch liebt, bedrängt, desto verständnisloser reagiert sie. Hat sie sich doch längst entschieden, ihre Gefühle zugunsten der Sache ihres Volkes zu opfern. Sybille spielt die Mischung aus unterkühlter Erotik, weiblicher Irrationalität und politischem Kalkül so virtuos aus, daß einem der verzweifelte Birgel nur leid tun kann.

Sybilles stärkste Qualität, ihre Ambivalenz, kommt in HOTEL SACHER meisterhaft zur Geltung: einerseits bewegt sie sich souverän als Salondame im nerzbesetzten Brokatkleid, andererseits spiegeln sich auf ihrem unruhigen Gesicht bereits Krieg und Revolution. Einerseits tanzt sie mit lasziven Bewegungen und wird über den schwermütigen russischen Gesängen sentimental, andererseits stillt sie ihren Durst mit der Eigenkreation eines Cocktail namens »Putsch«, verhärten sich ihre Züge, wenn sie über die kommenden Kämpfe spricht, in denen man sie sich unschwer als politische Kommissarin vorstellen kann.

Erich Engels Film kam in eine zeitgeschichtliche Situation, die der seiner Helden auf fatale Weise glich: HOTEL SACHER, der von der Vorahnung auf den Ersten Weltkrieg erzählt, startete in Wien am 15. März 1939, knapp ein halbes Jahr vor Ausbruch des Zweiten Weltkriegs.

Wenige Wochen später steht Sybille für die zweite Produktion dieses Jahres vor der Kamera: DIE FRAU OHNE VERGANGENHEIT von Nunzio Malasomma.

Sybilles geheimnisvolle Aura – inzwischen etwas wie ein Markenzeichen – wurde in dieser Mischung aus Arztfilm und Krimi als dramaturgisches Fundament verwendet: Eine Frau verliert bei einem Autounfall ihr Gedächtnis, weiß weder, wie sie heißt, noch wo sie wohnt. Der Arzt Dr. Entrupp (Albrecht Schoenhals) nimmt sich des Falles an, der auch die Polizei beschäftigt, denn in der Handtasche der Verunglückten wurde ein Revolver gefunden. Zufällig entdeckt Entrupp, daß die Unbekannte in medizinischen Dingen bewandert ist und beschäftigt sie als Assistentin. Das macht seine Verlobte (Maria von Tasnady) eifersüchtig und läßt sie gegen die mysteriöse Frau intrigieren, die in dem Maße aus ihrer Hilflosigkeit ins Leben zurückfindet, wie sich schrittweise ihre Vergangenheit aufhellt.

Der Plot nimmt eine kühne Wendung: die Unbekannte war Krankenschwester in den USA, fiel dort in die Hände eines Kriminellen (Bernhard Minetti), der die nach Deutschland Heimgekehrte verfolgt und als Mitwisserin erpressen will. Als sie sich daraufhin umzubringen versucht, rastet ihr Erinnerungsvermögen schlagartig wieder ein, der Festnahme des Ganoven und der Ehe mit dem attraktiven Arzt stehen nichts mehr im Wege.

DIE FRAU OHNE VERGANGENHEIT ist eine Art verfilmter Illustriertenroman, dessen plakative Story durch die Schauspieler konterkariert wird: Bernhard Minetti gibt den abgefeimten Schurken mit vielen Nuancen, Albrecht Schoenhals ist ein sehr menschlicher Gott in Weiß, und immer wieder verweilt die Kamera auf Sybilles Gesicht, auf dem sich ihre wechselnden Seelenzustände widerspiegeln.

Die Frau ohne Vergangenheit, 1939

Als Co-Autor des Drehbuchs wird im Vorspann ein gewisser Harald G. Petersson genannt. Der Sohn eines schwedischen Professors war 1904 in Weimar geboren worden und arbeitete nach dem Studium in verschiedenen Berliner Verlagen als Lektor und Pressereferent. 1934 wechselte er zum Film und schrieb, überwiegend als Co-Autor, an den Scripts zu Produktionen wie HERZ IST TRUMPF, DIE KORALLENPRINZESSIN oder SPIEL IM SOMMERWIND. Und schließlich, zusammen mit Charles Klein, das Buch zu DIE FRAU OHNE VERGANGENHEIT.

Wahrscheinlich während der Arbeit am Drehbuch, zu der, wie schon vorher, Sybille gerne ihren Teil beitrug, lernte sie Harald G. Petersson kennen. Als DIE FRAU OHNE VERGANGENHEIT am 18. Juli 1939 in Dresden Premiere hat, sind die beiden bereits ein Paar.

Mitte August besucht Sybille ihren neuen Freund, der sich für den Sommer in ein böhmisches Herrenhaus zurückgezogen hat, um gemeinsam mit seinem Kollegen Erich Ebermayer an einem neuen Drehbuch zu arbeiten. Ebermayer, der Sybille bereits bei einer einschlägig beschriebenen Teestunde in Berlin kennengelernt hat, notiert abermals in sein Tagebuch: »Die Sensation hatte sich schnell im Dorf herumgesprochen. Einige Autogrammhungrige erschienen. Das Ganze war aber nur peinlich. Nicht so sehr für mich als für den armen Petersson.

Er hatte wochenlang seiner Sybille von diesem Haus, vom Park, von der Landschaft vorgeschwärmt – nun mußte er erleben, daß der Filmstar restlos enttäuscht war. Sie verbarg es auch kaum. Offenbar fand sie alles nur albern und scheußlich. Sie wanderte zwischen uns in langen engen Hosen mit blutrot gelackten Nägeln an Händen und Zehen und goldenen Sandalen durch Gänge und Zimmer und sagte, wenn Petersson, immer nervöser, ihr alles anpries, nur monoton ›Doch, doch … doch, doch‹.

Zum Schluß passierte noch eine kleine Panne. Ich hatte unserem fünfzehnjährigen Dorfmädchen Betti, die neben meiner Wirtschafterin den Haushalt versieht, erklärt, daß dies eine berühmte Filmschauspielerin sei, die schönste Frau des deutschen Films, laut Zeitungen. Aber der kleinen Betti, mit ihren leuchtenden Kohleaugen und den langen schwarzen Zöpfen, jedenfalls das hübscheste Ding des Dorfes, schien das gar nicht zu imponieren. Sie warf böse Blicke auf Sybilles starkes Make-up, die engen Hosen und die rotlackierten Finger- und Zehennägel und brach schließlich in den etwas zu lauten Ruf aus: ›Jössas – is die Person häßlich!‹«

Irritationen wie diese konnten nicht verhindern, daß es zwischen Sybille und Harald G. Petersson zu einer engen, tragfähigen Beziehung kam. »Die beiden liebten einander innig und verstanden sich sehr gut«, berichtet der frühere Boxer Christian Fortmann, ein Freund Peterssons.

Ein halbes Jahr später, am 4. Januar 1940, wird geheiratet. Sybille ist einunddreißig, Petersson fünf Jahre älter. Für ihn ist es die zweite Ehe.

Eine Ehe, die von Petersson einiges an Toleranz abverlangen wird. Christian Fortmann: »Er erzählte mir einmal, daß er Sybille mit einer anderen Frau im Bett erwischte, als er früher nach Hause kam. Ich weiß nicht, wie er sich daraufhin mit ihr arrangiert hat, aber ihrer Liebe tat dies, zumindest nach außen, keinen Abbruch.«

Zu den gelegentlichen sexuellen Eskapaden seiner Frau kam hinzu, daß Sybille gerne trank. Nicht exzessiv, aber auf Festen und Gesellschaften immerhin so viel, um uncharmante Seiten in ihr vorbrechen zu lassen.

Dann gesellte sich zu den Star-Allüren ein verstocktes, rechthaberisches Verhalten, das Sybille unerreichbar machte. Zusammen mit ihrer impulsiven Art und den irrlichternden erotischen Launen konnte dies unkontrollierbare Situationen heraufbeschwören.

Dann konnte es – vielleicht sogar im Beisein ihres Mannes – passieren, daß Sybille eine schöne Frau anmachte, indem sie ihr unterm Tisch mit ausgestrecktem Fuß heimlich das Bein streichelte – wie es der Schauspielerin Gabriele Reismüller bei einem Abendessen widerfuhr.

»Sybille war immer sehr freimütig in ihrem Verhalten und ihren Äußerungen, egal, mit wem sie es zu tun hatte«, sagt Christian Fortmann. »Dabei machte sie nicht viel Aufhebens. Ihre labilen Seiten verhüllte sie eher, breitete sie nicht öffentlich aus. Sie liebte Diskretion.«

Und sie liebt es nach den Jahren, in denen sie Film auf Film drehte, so etwas wie ein Privatleben für sich zu entdecken. Daß das öffentliche Leben in Europa inzwischen vom Krieg beherrscht wird, merkt Sybille am Tonfall des einzigen Films, den sie 1940 dreht: TRENCK, DER PANDUR von Herbert Selpin. Ein Kostümfilm und Vehikel für Hans Albers, der in nicht weniger als drei verschiedenen Rollen auftritt: als österreichischer Pandurenoffizier unter Maria Theresia, als dessen Vater, und als sein preußischer Vetter Friedrich. Ein Draufgänger, der ebenso verwegen an der Front kämpft wie gegen Hochverräter bei Hof oder gegen die eigene Polizeibürokratie. Eine Art barocker Action-Held, der von einem Abenteuer zum nächsten jagt. »Ein Mann, der in jedes Jahrhundert paßt«, wie der *Filmkurier* schrieb: »Im Mittelalter hätte er ein mächtiges Schwert geführt, und heute säße er wohl am Steuerknüppel eines Flugzeuges oder hinter dem Geschütz eines Panzerwagens.«

Bei soviel kraftstrotzender Albers'scher Dominanz war Sybilles Rolle nicht mehr als eine garnierende Zutat.

Sie spielt die junge Prinzessin Deinartstein, die vor der Wiener Polizei geflohen ist und Trenck um Schutz bittet: »Ich bin ausgerückt, weil ich einen Mann heiraten soll, den ich nicht liebe.« Trenck befiehlt ihr, die Uniform eines Kornetts anzuziehen, und versteckt sie in seiner Truppe. Aber der Schwindel fliegt auf, und Maria Theresia (Käthe Dorsch) arrangiert für die Prinzessin die Hochzeit mit dem Fürsten Solowjeff. Widerwillig fügt sie sich, wird aber von Trenck am Vorabend der Trauung entführt, weil er erfahren hat, daß Solowjeff ein Verräter ist. Erneut schlüpft sie, als Kornett verkleidet, bei Trenck unter.

Zwischen der knabenhaften Frau in Uniform und dem Kraftbolzen knistert es gewaltig: »Wenn du nicht mein Kornett wärst, könnte ich mich vergessen«, seufzt Trenck, schickt sich an, sie zu umarmen, verkneift es sich dann aber – eine Szene von unterschwelliger Homoerotik.

Zuletzt bekommt er den grazilen Kornett mit den traurigen Augen dann doch: nach der Rückkehr von einer erfolgreichen Frankreichmission wird Trenck von der Kaiserin zum Ritter geschlagen und erhält die Prinzessin zur Frau.

Zwei Monate vor Premiere von TRENCK, DER PANDUR, die am 23. August stattfand, war Hitlers Frankreichfeldzug erfolgreich zu Ende gegangen, und es liegt nahe, daß unter dem Eindruck dieses Ereignisses der Schluß des Films abgeändert wurde. So geriet der Film zur propagandistischen Begleitmusik für den Sieg im Westen und zur Hymne auf Männer vom Schlage Trencks. Den filmischen Qualitäten tut dies keinen Abbruch. Mit einem witzigen, abwechslungsreichen Drehbuch, dichter Inszenierung und rasanten Schnitten realisierte Herbert Selpin eine für damalige Verhältnisse ungewöhnliche Komödie, die auch im europäischen Ausland erfolgreich lief.

Es verging mehr als ein Jahr, bis wieder ein Film mit Sybille erschien. Dafür zeigt Gerhard Lamprechts CLARISSA sie in einer Titelrolle, die maßgeschneidert für sie scheint: das Portrait einer ehrgeizigen, jungen Karrierefrau.

Clarissa von Reckwitz lebt in Potsdam, der Stadt der preußischen Tugenden. Täglich fährt sie mit der S-Bahn nach Berlin, wo sie als leitende Angestellte bei einer Bank arbeitet. Dort gibt sie ein Vorbild an

Korrektheit und Fleiß ab. Von ihren Kollegen wird sie halb abfällig halb bewundernd »Hoheit« genannt.

Einer dieser Kollegen (Gustav Fröhlich) setzt seinen Ehrgeiz daran, die Reserviertheit seiner Chefin zu brechen und schenkt ihr regelmäßig Blumen. Aber Clarissa bleibt hart, aus Privatleben scheint sie sich nichts zu machen. Sie wohnt noch im Haus ihrer Eltern, dessen düstere, vergangenheitsgeschwängerte Atmosphäre sie gefangenhält. »Heirate, dann kommst du hier raus«, rät ihr die verwitwete Mutter (Julia Serda). »Dann muß ich mich mit einem Mann herumärgern«, wehrt Clarissa ab.

Als sie bei einem Betriebsfest schließlich doch ihre Zurückhaltung aufgibt und dem Werben ihres fröhlichen Untergebenen Bornhoff erliegt, hat sie bald Grund, dies zu bereuen: Bornhoffs Schwager, der bei der gleichen Bank arbeitet, hat Geld veruntreut und versucht über Bornhoff, bei Clarissa zu intervenieren, was die Chefin mit der Geliebten in Konflikt bringt.

Ein Film, der, ungewöhnlich für seine Entstehungszeit, ein nüchternes, realistisches Bild des Angestelltenmilieus zeichnet.

Ein Film auch, der kaum ins familienpolitische Raster der Nazis gepaßt haben dürfte: eine junge Frau, die sich nicht zu Hause am Herd, sondern beruflich in leitender Position verwirklicht. Deren Untergebene nicht nur meist älter sind als sie, sondern auch mehrheitlich Männer. Männer, die wenig Heroisches an sich haben und es sich gefallen lassen müssen, von einer Frau geschurigelt zu werden.

Dies konnte weder »staatspolitisch wertvoll« noch »volksbildend« sein. Und so wundert es nicht, daß CLARISSA von der Filmprüfstelle kein Prädikat erhielt. Schwer vorstellbar, daß Goebbels Sybille für eine solche Produktion persönlich genehmigt hätte.

Anders dagegen ihr nächster Film WETTERLEUCHTEN UM BARBARA, der, von Werner Klingler inszeniert, im Frühjahr 1941 in den Tiroler Alpen entstand: als ob sie diesmal gezielt das Wohlwollen des Regimes gesucht hätte, spielt sie hier eine Frau mit Vorbildfunktion für den Führerstaat in einem Film mit offen nationalsozialistischer Tendenz. WETTERLEUCHTEN UM BARBARA, angesiedelt in einem Tiroler Gebirgsdorf der 30er Jahre, handelt vom »Befreiungskampf« einer Gruppe verschworener Bauern, die von einem großdeutschen Reich träumen und sich gegen Verbände der österreichischen Heimwehr verteidigen, die die einheimische Bevölkerung terrorisieren.

Mit einem in Propagandafilmen gängigen dramaturgischen Trick wurden die Verhältnisse einfach umgedreht: die Bösewichter sind »fehlgeleitete« Patrioten, die genau jene perfiden Eigenschaften und brutalen Methoden besitzen, mit denen die Nazis in Österreich die innere Destabilisierung betrieben und den Anschluß vorbereitet haben. Die »Guten« aber erscheinen als tapfere Märtyrer für die große Sache.

Zu ihnen gehört Sybille als Barbara. Eine Eingeheiratete aus der Ebene, die als einzige im Dorf nicht den rauhen Dialekt der Bergler sondern Hochdeutsch spricht. Das macht sie wieder zur Fremden. Als solche erregt sie das Mißtrauen der Knechte und Mägde und die offene Feindschaft ihrer Schwiegermutter (Maria Koppenhöfer), die es nicht ertragen kann, eine »Hergelaufene« auf dem Stammerhof zu sehen.

Barbaras Mann, der Stammerbauer (Attila Hörbiger), steht zu ihr, kann sie aber auch dann seiner Umgebung gegenüber nicht durchsetzen, als sie, einem alten Brauch folgend, bei Vollmond eine Eiche vor dem Stammerhof pflanzt. Soweit folgt die Handlung dem Muster gängiger Berg- und Heimatfilme, wie sie seit Arnold Fanck, Leni Riefenstahl (DAS BLAUE LICHT) oder Luis Trenker bekannt waren. Doch dann tritt die österreichische Heimwehr auf den Plan, die den »Freiheitskampf« der Bauern brutal unterdrückt.

Dabei tut sich besonders der infame Milizkommandant Gansterer (Oskar Sima) hervor, der die nationalsozialistisch gesinnten Dorfbewohner schikaniert.

Barbara kann sich zum erstenmal bewähren, als sie, in einem Einkaufskorb versteckt, Flugblätter an Gansterer vorbei ins Nachbardorf schmuggelt, wo sich heimlich eine Gruppe Nazis trifft und zur Erbauung Texte verliest, die offenbar aus »Mein Kampf« stammen.

Zum zweiten Mal bewähren muß sich Barbara, als ihr Mann einen Milizionär erschießt und daraufhin flieht. Der dreihundert Jahre alte Stammerhof wird beschlagnahmt und soll enteignet werden, Barbara ist den Annäherungsversuchen Gansterers ausgesetzt.

Gemeinsam mit ihrem Mann, der in Abwesenheit zum Tode verurteilt wurde und heimlich bei ihr auftaucht, gelingt ihr die Flucht über die Berge.

Mit einer Montage dokumentarischer Bilder vom Anschluß Österreichs weitet sich der Blick zur Schlußapotheose: die Hakenkreuzfahne wird gehißt, Glocken läuten, und deutsche Soldaten marschieren unter dem Jubel der Bevölkerung durch ein Dorf.

Vorher stirbt der verhaßte Milizchef durch eine Lawine, Barbara und ihr Mann dürfen auf ihren Hof zurückkehren, der »Schrecken« hat ein Ende.

Ohne diese Unsäglichkeiten wäre WETTERLEUCHTEN UM BARBARA durchaus ein spannendes Bergdrama, das besonders durch die Kamera Sepp Allgeiers mit seinen Aufnahmen von der rauhen Bergwelt besticht: es gibt Steinschläge, Lawinenabgänge und Verfolgungsjagden über schneeverwehte Bergkämme, begleitet von der aufpeitschenden Musik Herbert Windts.

WETTERLEUCHTEN UM BARBARA wurde, versehen mit dem Prädikat »staatspolitisch wertvoll«, am 17. Oktober 1941 in Coburg uraufgeführt. Dort lief der Film im Rahmen einer offiziellen Gedenkveranstaltung, die an die »Einnahme« der »roten« Stadt durch die NSDAP im Jahre 1922 erinnerte: »Ein dichtes Spalier begeisterter Coburger bereitete dem Gauleiter Bayerische Ostmark Fritz Wächtler und den übrigen Ehrengästen stürmische Ovationen auf dem Wege vom Marktplatz zum ›Union-Theater‹, das mit Fahnen und Girlanden reich geschmückt war. (...) Von einem Musikzug der Wehrmacht gespielt, erklang dann ein Fanfarenmarsch, und nach dem Abrollen der Wochenschau leitete der Festmarsch ›Treueschwur‹ zu WETTERLEUCHTEN UM BARBARA über«, schrieb der *Filmkurier*.

An Ehrengästen waren neben dem Gauleiter und der »gesamten Führerschaft der SA, SS, NSKK, des Reichsarbeitsdienstes« der Regisseur und sein Kameramann erschienen. Die Hauptdarstellerin fehlte.

Und sie fehlte auch, als der Film knapp drei Monate später, versehen mit dem Prädikat »staatspolitisch wertvoll«, in vier Berliner Kinos gleichzeitig anlief.

RETTE SICH WER KANN

Der Vorliebe ihres Mannes für abgelegene, schöne Landschaften folgend, verbrachte Sybille ihre drehfreie Zeit immer häufiger fernab von Berlin, wo ihr, wie sie schrieb, allmählich »der Boden zu heiß« wurde.

1940 hatten Sybille und Harald G. Petersson zum erstenmal Urlaub in Krimml gemacht, einem malerischen, von Bergen umschlossenen Dorf im österreichischen Pinzgau.

Auf einer Anhöhe außerhalb des Ortes mit freiem Blick auf Wiesen, Bergwälder und die berühmten Krimmler Wasserfälle bewohnten die beiden ein Sommerhaus, das sie von einem Dessauer Fleischgroßhändler gemietet hatten. Seither kam das Ehepaar Schmitz-Petersson regelmäßig nach Krimml und errichtete im »Haus Ellen Gerda« eine Art Zweitwohnsitz. Unterbrochen von Bergwanderungen oder gelegentlichen Ausflügen nach Innsbruck oder Salzburg nahm hier das Leben seinen für zwei Freischaffende gewohnten Lauf: Petersson schrieb an seinen Drehbüchern, Sybille lernte ihre Rollen, erholte sich von den Produktionen oder kümmerte sich um neue Engagements. »Sie kam fast täglich, um zu telefonieren, Briefe oder Telegramme aufzugeben«, erinnert sich die heute 77jährige Maria Schiel, die als junge Frau auf dem Krimmler Postamt arbeitete und noch eine Brosche besitzt, die ihr Sybille einmal schenkte.

»Ich weiß nicht warum, aber sie hatte zu dieser Zeit schon Besetzungsprobleme«, sagt Ida Steger, die Anfang der 40er Jahre für Sybille als Dienstmädchen und für Petersson als Typistin arbeitete: »Es gab häufig Besuch im ›Haus Ellen Gerda‹, von Freunden, Verwandten oder Kollegen – darunter Heinz Rühmann, Willy Birgel oder der Regisseur Karl Hartl. Aber es haben sich daraus für sie keine neuen Aufträge ergeben.

Geld war immer genug da, das war nicht das Problem, und sie war immer sehr großzügig, aber ich merkte, daß sie sich schwer tat, neue Rollen zu bekommen. Sie machte einmal eine Andeutung, daß es politische Gründe gab, weshalb sie und ihr Mann hier lebten.«

Andererseits wurde in Sybilles Anwesenheit WETTERLEUCHTEN UM BARBARA in Krimml gezeigt. Ida Steger: »Das ›Gasthaus zur Post‹, wo der Film lief, war brechend voll. Anschließend wurde sie gefeiert und erzählte von den Dreharbeiten.« Noch heute gerät Frau Steger über

Sybille ins Schwärmen: »Sie war ein wunderbarer Mensch, der sich mit allen hier gut verstand. Keine Spur von Hochmut. Auch einfachen Menschen gegenüber hat sie sich nie als etwas Besseres aufgeführt.«

Den Sommer 1941 verbringen Sybille und ihr Mann gemeinsam in Rom. Unter Nunzio Malasomma, mit dem zwei Jahre zuvor DIE FRAU OHNE VERGANGENHEIT entstanden war, dreht sie in den Cinecittà-Studios VOM SCHICKSAL VERWEHT, ein Dschungel-Melodram, in dem sie neben Albrecht Schoenhals und Rudolf Fernau die weibliche Hauptrolle spielt.

Diesmal ist Harald G. Petersson nicht nur bearbeitender Autor des von Josef Maria Frank geschriebenen Schauspiels »Dschungel«, auf dem das Script basiert, sondern auch – mit Billigung der Reichsfilmkammer – Dialogregisseur und Regieassistent.

Auf diese Weise kann Sybille auch während der Dreharbeiten mit ihrem Mann zusammen sein – weitab von Deutschland, wo der Krieg mit Beginn des Rußlandfeldzugs soeben in eine neue Phase getreten war.

VOM SCHICKSAL VERWEHT ist eine Art filmische Flucht aus dem vom Krieg beherrschten Europa: Bilder vom tropischen Regenwald, von exotischen Menschen und Bräuchen; Protagonisten mit so klangvollen Namen wie Dr. Dos Passos oder Virginia Larson.

Auf einer Antillen-Insel (die in einem Sumpfgebiet südlich von Rom nachgestellt wurde) kämpft eine Gruppe weißer Ärzte gegen die Malaria. Ein Zweifrontenkrieg: im Innern der Insel, wo der Krankheitsherd liegt, schießen die Eingeborenen auf jeden, der sich ihrem Territorium nähert. Auf der anderen Seite glänzen die korrupten Kolonial-Behörden durch Nichtstun.

Sybille spielt die junge Ärztin Virginia, die ihr Kollege Jack Bennett (Rudolf Fernau) heiraten will. Doch gleich zu Beginn des Films erklärt sie ihm, daß sie eine Auszeit braucht.

Kurz darauf trifft der Malaria-Spezialist Dr. Dos Passos (Albrecht Schoenhals) mit einem neuen Präparat auf der Insel ein, das den Durchbruch bringen soll.

Schnell wird klar, daß Dos Passos ein steckbrieflich gesuchter Mörder ist, eigentlich Peter Fischer heißt und einmal Virginias große Liebe war. Eifersüchtig beäugt von ihrem amerikanischen Kollegen verfällt Virginia wieder ihrem früheren Geliebten.

Und kann dabei Gefühle zeigen, die sie vorher in ihrer professionellen Sachlichkeit nicht zu kennen schien: sie weint, als Fischer ihr vergangenes Glück beschwört, und sie weint, als er sie in der eindrucksvollsten Szene des Films bittet: »Lache noch einmal, Virginia, ich weiß schon gar nicht mehr, wie das ist!« Und als ihr Tränenstrom nicht versiegt: »Ich danke Dir, Virginia!«

Natürlich fallen in dieser Produktion des zweiten Kriegsjahres auch Sätze wie: »Kampf muß ja sein, sonst lohnt sich das ganze Leben nicht!«, verhält sich der gute Deutsche dem Amerikaner gegenüber – der ihn durch seine Falschaussage jahrelang unschuldig hinter Gitter gebracht hatte – korrekt, als er mit dem Rivalen alleine in den Dschungel aufbricht, um das neue Serum an den Eingeborenen zu erproben.

Mit Filmen wie VOM SCHICKSAL VERWEHT und seiner kolportagehaften Mixtur aus Exotik, Abenteuer, Melodram und Krimi konnten sich die Deutschen in ferne Länder träumen, in die zu reisen während des Krieges fast nur noch als Soldat möglich war. Solche Filme sollten aber auch Ersatz bieten für die beim Publikum begehrten amerikani-

Vom Schicksal verweht, 1942

schen Produktionen, deren Vertrieb 1941 in Deutschland gestoppt wurde.

Aus heute nicht mehr nachvollziehbarem Grund verzögerte sich die Fertigstellung des Films, der erst ein Jahr später, im Juli 1942 anlief.

Zu dieser Zeit steckte Sybille mitten in den Dreharbeiten zu ihrem nächsten Projekt, erneut eines für Herbert Selpin, den Regisseur von TRENCK, DER PANDUR, und, wie TRENCK, eine Tobis-Produktion, die durch einen folgenschweren Vorfall während der Dreharbeiten zu trauriger Berühmtheit kam. Ihr Titel: TITANIC.

Ein Film, der eine sehr eigene Interpretation der größten Schiffskatastrophe des Jahrhunderts liefern sollte: danach war am Untergang des bis dato größten Passagierdampfers der Welt im April 1912 allein die englische Betreibergesellschaft schuld, die den Kurs der *White-Star-Line* durch eine Rekordfahrt der *Titanic* in die Höhe treiben wollte. Ein Film, der sich einreiht in eine Serie von Produktionen ebenso kraß anti-englischer Tendenz wie OHM KRÜGER, CARL PETERS oder GERMANIN.

Pläne für eine Verfilmung des *Titanic*-Unglücks existierten bereits 1940, eine erste Drehbuchfassung wurde (von Harald Bratt) verfaßt, einige Schauspieler besetzt. Dann wurde Herbert Selpin, von dem schon CARL PETERS stammte, mit der Regie beauftragt. Zusammen mit seinem langjährigen Mitarbeiter Walter Zerlett-Olfenius, einschlägig bekannt durch ähnliche Tendenzfilme, schrieb Selpin das endgültige Buch. Ein Buch, das mit einer Aufsichtsratsitzung der *White-Star-Line* beginnt, die sich beim Bau der *Titanic* finanziell übernommen hat, weshalb die Aktienkurse der Gesellschaft im Keller sind.

Und das vor einem korrupten Gericht mit dem Freispruch des Präsidenten der Reederei, Sir Bruce Ismay (Ernst Fritz Fürbringer), endet: jenes Mannes, der aus Profitsucht den Untergang der *Titanic* und den Tod von mehr als 1 500 Menschen herbeigeführt hat.

Dazwischen entfaltet sich ein Drama, das unaufhaltsam der Katastrophe zusteuert – die vermeidbar gewesen wäre. Dieser Widerspruch bestimmt die Dramaturgie des Films und seinen bis zur Ermüdung ausgereizten Konflikt zwischen der englischen Plutokratie, die skrupellos das Leben der Passagiere aufs Spiel setzt, und dem Ersten Offizier des Schiffes (Hans Nielsen), der nicht von ungefähr Deutscher ist und der einzig Aufrechte an Bord.

Daneben ein Heer von Mitläufern und unwissenden Opferlämmern: sie alle gehören zu der bunten Gesellschaft, die sich zur Jungfernfahrt auf der als unsinkbar geltenden *Titanic* versammelt hat. Da gibt es steinreiche und bankrotte Lords, Hochstapler und Detektive, ein kleines Manikürfräulein und arme Auswanderer im Unterdeck: ein gesellschaftlicher Mikrokosmos, der, in der Extremsituation des Desasters, das soziale Gefüge durcheinanderwirbelt, aus vermeintlich starken Männern Versager macht, aus Verlierern Helden.

Sybille spielt so einen Menschen: als extravagante, steinreiche Baltin, die allein auf den Weltmeeren umherreist, erfährt sie durch ein Telegramm, daß ihr gesamtes Vermögen konfisziert wurde. Davon ahnt niemand etwas an Bord, auch nicht Lord Ismay, der durch den Bau des Luxusdampfers pleite ging und jetzt, um an ihr Geld zu kommen, Sigrid Olinsky umwirbt.

Als Eisberge auftauchen und die Fahrt immer riskanter wird, während Ismay auf »Volle Kraft voraus« drängt, beschwört der Erste Offizier die reiche Baltin, ihren Einfluß auf Ismay geltend zu machen, um das Tempo zu drosseln. Er selbst hat den fügsamen Kapitän (Otto Wernicke) vergeblich beschworen und ist mit Ismay aneinandergeraten, dem er offen ins Gesicht sagt, er wolle nicht mehr auf einem Schiff arbeiten, »das nicht von Seeleuten, sondern von Börsenspekulanten geführt wird.«

Petersen verkörpert den Prototyp deutscher Gewissenhaftigkeit und Pflichterfüllung. Er kennt Sigrid von einer früheren Passage nach Ägypten, wo die beiden sich fast näher gekommen wären. Ihre jetzige Begegnung ist überschattet von Vergeblichkeit: Sigrid kann nichts mehr für die Rettung des Schiffes tun, Petersen verabschiedet sich von Sigrid mit den Worten »Eine Frau, die man lieben könnte«. Eine Frau, von der er glaubt, daß sie die einzige gewesen wäre, die *Titanic* zu retten.

Als die Katastrophe dann losbricht, kommt es zwischen den beiden doch noch zu einer Annäherung: den Untergang vor Augen kämpfen sie – Sigrid in Petersens Offiziersmantel – heldenhaft um die Rettung von Frauen und Kindern. Und um die Rettung Sir Bruce Ismays, damit er sich seiner Verantwortung nicht entziehen, sondern vor ein Gericht gestellt werden kann.

Die Außenaufnahmen zu TITANIC begannen im Frühjahr 1942 auf der *Cap Arcona*. Das einst weiße KdF-Vorzeigeschiff lag seit dem Sieg über Polen grau getarnt in Gotenhafen (Gdingen) an der Danziger Bucht, wo es als Wohn- und Ausbildungsstätte der Kriegsmarine diente.

Während Herbert Selpin noch in Berlin zu tun hatte, schickte er Walter Zerlett-Olfenius, der nicht nur für ihn schrieb, sondern gelegentlich auch als Assistent und Dialogregisseur arbeitete, nach Gotenhafen voraus. Zusammen mit einem *Second Unit*-Team und einigen Schauspielern sollte er die Außenszenen des Filmes vorbereiten und proben.

Als Selpin einige Tage später nachkam, mußte er feststellen, daß sein Mitarbeiter offenbar versagt hatte: Team und Schauspieler waren unvorbereitet. Statt dessen bemerkte der Regisseur, daß sich weibliche Mitglieder seines Stabes mit den auf der *Cap Arcona* stationierten Marinesoldaten zusammengetan hatten. Komparsinnen erschienen nach durchfeierter Nacht zu spät und verkatert am Set, ebenso einige Schauspielerinnen, die mit Offizieren gesehen worden waren. Gerüchte über Exzesse machten die Runde. Erschwerend kam hinzu, daß Selpin mit seinen Leuten nur zu Gast auf dem Schiff war, auf dem der normale Wohn- und Ausbildungsbetrieb weiterlief.

Man kann sich leicht vorstellen, wie schwierig in dieser Situation ein ungestörtes Arbeiten war. Immer wieder kam es zu Verzögerungen durch die Schiffsbesatzung, der das Verständnis für die Kompliziertheit des Drehs fehlte, die ihn vielmehr als willkommene Abwechslung des tristen Kriegsalltags sah. Szenen mußten abgebrochen werden, weil Schaulustige durchs Bild liefen oder durch das Klicken ihrer Fotoapparate störten. Selpin, der mit der Arbeit in Verzug geriet, platzte nach kurzer Zeit der Kragen. Nachdem er mit dem Kommandanten der *Cap Arcona*, einem Ritterkreuzträger, aneinandergeriet, der, statt durchzugreifen, ebenfalls versehentlich aufs Bild gekommen war, brach Selpin die Dreharbeiten kurzerhand ab.

Bei einer anschließenden Krisensitzung seines Stabes im Kasino von Zoppot entlud sich Selpins ganze Wut an seinem Mitarbeiter Zerlett-Olfenius, den er anbrüllte: »Deine Aufgabe ist es, bei der Aufnahme zur Hand zu sein, daß da alles klappt. Aber natürlich, wenn du nur einen Ritterkreuzträger siehst, gehst du schon in die Knie. Sorge lieber dafür, daß diese Lausejungen nicht vor der Kamera herumlaufen, wenn ich drehen will. Was ist das schon, dieses Scheißritterkreuz, es ist ja kein Kunststück, aus einem Kahn heraus jemanden abzuschießen.«

Zerlett-Olfenius, der selbst Leutnant war, verbat sich diesen Ton und machte Selpin darauf aufmerksam, daß im Kasino Wehrmachtsoffiziere saßen, die seinen Ausbruch mitbekommen hatten.

Das brachte Selpin vollends in Rage: »Ach du mit deinen Scheiß-Soldaten, du Scheiß-Leutnant, überhaupt mit deiner Scheiß-Wehrmacht!«

Zerlett-Olfenius verließ die Runde und kündigte seinen Vertrag mit der Tobis. Über seinen Bruder Hans H. Zerlett, dem künstlerischen Leiter des Studios, gelangte die Angelegenheit an Hans Hinkel, Staatssekretär im Propagandaministerium und Kultur-Großinquisitor, der seinem Chef und Intimus Goebbels davon erzählte. Selpin wurde von Hinkel aufgefordert, nach seiner Rückkehr aus Gotenhafen zu einem »Gespräch« zu erscheinen.

Karl Schönböck, der in TITANIC den Lord Astor spielt, und Sybille waren dabei, als Herbert Selpin Ende Mai 1942 nach Berlin zurückfuhr: »Die Züge waren überfüllt mit Wehrmachtsangehörigen, und wir hatten nur ein Schlafwagenabteil mit zwei Betten ergattern können«, erinnert sich Schönböck. »Ich habe es Selpin und Sybille, die befreundet waren, überlassen und die Nacht auf dem Flur verbracht. Ich wußte damals nicht, was gegen ihn anstand, mußte auch gleich weiter nach Holland zu meiner nächsten Produktion.«

Nach einigen ergebnislosen Unterredungen bei Hinkel wurde Herbert Selpin am 30. Juli zu Goebbels zitiert, der ihm in Anwesenheit führender Filmfunktionäre die Möglichkeit geben wollte, seine Äußerungen zu widerrufen. Doch Selpin verweigerte sich dieser Art von Tribunal und entschuldigte sich nicht. Goebbels erklärte daraufhin dem renitenten Regisseur, daß er mit sofortiger Wirkung aus der Reichskulturkammer ausgeschlossen sei – was einem Berufsverbot gleichkam. Dann ließ er Selpin abführen, weil sich dieser vor einem Ehrengericht verantworten sollte.

Am folgenden Morgen wurde Herbert Selpin im Gestapogefängnis an der Prinz-Albrecht-Straße in seiner Zelle erhängt aufgefunden. Sofort kamen Gerüchte auf, er sei auf höheren Befehl von Gestaposchergen ermordet worden. Doch eine Obduktion, die seine Angehörigen durchführen ließen, bestätigte, daß Selpin sich mit seinen Hosenträgern, die ihm nicht abgenommen worden waren, am Fenstergitter erhängt hatte.

Titanic, 1943

Goebbels, der den Vorfall in seinem Tagebuch erwähnt, kann dies kaum gelegen gekommen sein: hielt er Selpin doch für einen begabten, linientreuen Regisseur, den er persönlich schätzte. Zudem hatte erst wenige Monate vorher der Freitod eines anderen Filmschaffenden die Branche in Aufruhr versetzt: der populäre Leinwandheld Joachim Gottschalk hatte sich mit seiner Familie umgebracht, weil Hinkel ihm die Scheidung von seiner jüdischen Frau nahelegte.

Nach Herbert Selpins Ende, das für nicht weniger Unruhe sorgte, wurde TITANIC von Werner Klingler fertiggestellt. Im August fanden die letzten Außenaufnahmen vom Untergang des Schiffes statt. Die Arbeit war strapaziös und durch die ständige Nähe zum Wasser erkrankte Sybille an Angina und einer Darmgrippe. »Oben kann ich nicht schlucken und unten muß ich immer raus«, schrieb sie mit Galgenhumor an ihren Berliner Cousin.

Nicht nur für Herbert Selpin, auch für Sybille hatten die Ereignisse vom Frühjahr in Gotenhafen ein Nachspiel. Einige Monate nach Produktionsende meldet sich das Reichspropagandaamt Danzig beim Per-

sonalbeauftragten des Reichsfilmintendanten in Berlin mit der Aussage einer Zeugin über angebliche Exzesse an Bord der *Cap Arcona*: »Frau Hubelmann erklärt, daß sie an allen Außenaufnahmen teilgenommen habe und daß ihr nichts aufgefallen sei, was man etwa als ›anstößig‹

bezeichnen könnte. Es sei Tatsache, daß Komparsinnen mit Besatzungsangehörigen des Schiffes und mit Herren der Tobis-Filmkunst für kurze Zeit Kabinen betreten hätten, um dort gelegentlich ›ein Schnäpschen‹ zu trinken. Die Mädels hätten sich zwar manchmal ›komisch‹ benommen, zu irgendwelchen Exzessen sei es aber in keinem Fall gekommen. Nur vom Hörensagen wußte Frau Hubelmann, daß es vorgekommen sein soll, daß ein Mädchen in der Nacht auf dem Schiff geblieben sei, was ausdrücklich verboten war. Jedoch sei positiv nur ein Fall bekannt: Sybille Schmitz konnte einmal das Schiff nicht mehr verlassen wegen völliger Trunkenheit. Eine Poussage hätte dabei keinerlei Rolle gespielt. Der Fall der Sybille Schmitz könnte immerhin aber einen Anhalt dafür bieten, daß es mit Bezug auf einige Komparsinnen doch nicht bei einem ›gelegentlichen Schnäpschen‹ geblieben ist ...«

Kurz nach Eingang dieses Schreibens wird auch Sybille ins Propagandaministerium zu einem »Gespräch« bestellt. Aber es ist diesmal nicht Goebbels, sondern einer seiner Untergebenen, der sie zu den Vorwürfen befragt.

Nach dem Tod ihres Regisseurs weiß Sybille, was auf dem Spiel steht: »Sie sagte, sie bedauere dieses Verhalten sehr. Es hat sich gleich am ersten Abend ereignet und sei dadurch verursacht, daß sie früher einmal auf der *Cap Arcona* gefahren sei und dem übrigen Schiffspersonal noch bekannt war. Es sei aber nicht richtig, daß sie so betrunken gewesen wäre, daß sie nicht mehr hätte fahren können. Der Fahrer des Wagens hätte es trotz ihres Protestes abgelehnt, sie mitzunehmen. Anscheinend sei er dazu von dritter Stelle veranlaßt worden. (...) Sie versprach, dafür zu sorgen, daß sich ein ähnlicher Fall nicht mehr ereigne, worauf ich es bei einem einfachen Verweis bewenden ließ.«

Der hautnah erlebte Verlust ihres Freundes Selpin und ihre eigenen Erfahrungen mit dem Spitzelsystem der Nazis trieben Sybille vollends in die Opposition.

Hinzu kam die Entwicklung auf dem östlichen Kriegsschauplatz. Die Katastrophe von Stalingrad im Januar 1943 bestärkte Sybille in ihrer ablehnenden Haltung gegenüber einem Regime, das erst jüdische Freunde wie Paul Falkenberg und Robert Lantz, Kollegen wie Erich Pommer oder Peter Lorre oder ihren Manager Fred Pinkus vertrieben hatte und jetzt ihre Angehörigen verheizte. Ende 1942 war Sybilles

Cousin mit einer schweren Augenverletzung aus Rußland heimgekehrt und sollte, nachdem er halbwegs genesen war, wieder zurück an die Ostfront geschickt werden.

Als Sybille davon erfährt, spricht sie bei den zuständigen Wehrmachtsstellen vor und erreicht, auf ihren Namen setzend, daß der Cousin UK gestellt wird.

In Berlin und später in Krimml unterstützt sie sogenannte »Unterseebootler« mit Lebensmitteln und Geld: untergetauchte Freunde und Kollegen, die sich dem Stellungsbefehl entzogen. Nicht verhindern kann sie, daß ihr jüngster Bruder Willi an die russische Front kommt, wo er im Juli 1943 mit 22 Jahren fällt.

»Sybille war immer geradeheraus. Sie hat oft auf die Nazis geschimpft. Goebbels nannte sie nur verächtlich den ›Bock von Babelsberg‹«, berichtet Grete Palluck, die ehemalige Haushälterin ihres Berliner Cousins. Ungeniert bleibt sie jetzt auch offiziellen Empfängen fern, zu denen sie und H. G. Petersson eingeladen wurden. »Das waren Pflichtveranstaltungen, denen sie sich nur durch Abwesenheit aus Berlin entziehen konnten«, sagt der gemeinsame Freund Christian Fortmann.

Distanz zur Hauptstadt des Großdeutschen Reiches und seiner Vertreter finden Sybille und ihr Mann jetzt immer häufiger und ausgedehnter in Krimml. »Im Sommer 1943 luden mich Sybille und Harald ein, eine Woche bei ihnen in Krimml zu verbringen«, erinnert sich Christian Fortmann. Als ich eintraf, war Harald unterwegs nach Berlin, wo er wegen eines Projektes dringend hin mußte. Da habe ich mit Sybille und ihrer Schwester Agnes, die auch gerade da war, die Woche alleine verbracht, Bergtouren unternommen, abends mit den Frauen Mikado gespielt.

Sybille war in Krimml ein völlig anderer Mensch. Sie wirkte entspannt, fühlte sich wohl in ihrer Rolle als Hausfrau und sprach in dieser Zeit nicht einmal vom Film.«

Nach dem Schock von Stalingrad ist TITANIC wegen seiner »Untergangsassoziationen« im Frühjahr für den Inlandseinsatz verboten worden und wird erst am 10. November 1943 im besetzten Paris uraufgeführt. Seit über einem Jahr hat das Publikum Sybille nicht mehr auf der Leinwand gesehen. Und auch in diesem Jahr dreht sie nur eine Produktion, für die ihr Mann die Vorlage geschrieben hat.

Unter der Regie von Karl Anton und mit Karl Ludwig Diehl als Partner entsteht im Herbst 1943 für die Tobis DIE HOCHSTAPLERIN. Eine filmische Belanglosigkeit um eine (von Sybille gespielte) Dame der Gesellschaft, die beim Roulette verliert und, um ihre Schulden zu begleichen, vom Direktor des Casino-Hotels (Will Dohm) für einen Werbegag eingespannt wird: als skandalumwitterte Komteß Varén soll sie dem Hotel dringend benötigte Publicity und Gäste bescheren. Als sie mit einem geliehenen Auto in den Nachbarort fahren will, um ein Telegramm aufzugeben, rumpelt sie bei regennasser Straße mit dem Wagen eines Anwalts (Karl Ludwig Diehl) zusammen, der mit ihr eine romantische Nacht auf einem Märchenschloß verbringt. Am nächsten Morgen ist die schöne Unbekannte verschwunden. Der Anwalt trifft sie im Kasino-Hotel wieder, wo er seinem Neffen (Fritz Wagner) die Heirat zu der als Komteß Varén bekannten Frau ausreden wollte, die zufällig auch er liebt ...

Karl Ludwig Diehl als steifer, gravitätischer Jurist und Sybille als Salondame in ständig wechselnder Garderobe und mit unterkühltem Charme: kein Paar, für das man sich erwärmen könnte.

Am ehesten haften bleibt jene märchenhafte Episode, als die beiden, vom Regen durchnäßt, in dem Schloß Zuflucht finden, dessen unsichtbarer Besitzer ihnen, im Austausch für ihre nassen Kleider, historische Kostüme leiht, mit denen sie, in Gesellschaft vieler körperlos durch den Saal schwebender Gewänder, einen gespenstischen Ball feiern. Ansonsten plätschert die Handlung dieser eher seichten als leichten Komödie träge dahin, fast durchgehend untermalt von ebenso banaler Musik.

Unterhaltungsfilme wie DIE HOCHSTAPLERIN hatten, im vierten Kriegsjahr, einen klar definierten Auftrag: das unter dem Eindruck von Flächenbombardements und totalem Kriegseinsatz stehende Volk durch ein wenig Zerstreuung bei Laune zu halten.

Bei einem der sich Ende 1943 häufenden, schweren Bombenangriffe auf die Innenstadt des Berliner Westens wird Harald G. Peterssons Wohnung am Ludwigkirchplatz, die er nach der Heirat mit Sybille behalten hatte, im Dezember total zerstört.

Dies nehmen Sybille und ihr Mann zum Anlaß, endgültig aus Berlin zu verschwinden, wo ihnen nicht nur politisch der Boden zu heiß, sondern auch das Dach überm Kopf zu unsicher geworden war.

EIN DORF IM PINZGAU

Am letzten Tag des Jahres 1943 verlegen Petersson und Sybille ihren Hauptwohnsitz von Berlin nach Krimml im Pinzgau.

Das Dorf mit seinen 600 Einwohnern wird bis zum Kriegsende um das Anderthalbfache wachsen: »Fast jedes Haus hatte Einquartierung mit evakuierten Deutschen«, erzählt Ida Steger. »Dazu kamen französische Zwangsarbeiter und, Ende 1944, SS-Truppen aus Italien, die hierher verlegt worden waren, um die ›Alpenfestung‹ vorzubereiten. Eine bunte Mischung.« Sybille und ihr Mann sind privilegiert, können »Haus Ellen Gerda« mit seinen vier Zimmern alleine bewohnen.

Haus Ellen Gerda in Krimml

Ida Steger: »Sybille besaß eine Siamkatze, die gefährlich fauchen konnte und niemanden reinließ, wenn Sybille sie nicht zurückhielt.« Die Freunde und Verwandten aus Deutschland bleiben jetzt schon mal länger zu Besuch in Krimml, das abseits der Flugrouten alliierter Bomberverbände liegt. Fernab der deutschen »Heimatfront«, wo das propagandistische Trommelfeuer vom »Endsieg« dröhnt, präsentiert sich die Lage hier realistischer, kann man unbehelligter sprechen. Etwa darüber, daß der Krieg verloren ist.

Diese Gespräche beschränken sich bald nicht mehr auf die eigenen vier Wände. Sybille und ihr Mann finden heraus, daß unter den Einwohnern von Krimml – dem Geburtsort des österreichischen Freiheitskämpfers und Nationalhelden Anton Wallner – eine Reihe von Oppositionellen lebt, zu denen sie Kontakt suchen.

Da gibt es Johann Achorner, den katholischen Dorfpfarrer, der in seinen Predigten keinen Zweifel an seiner Gesinnung läßt: »Ein hundertprozentiger Widerständler, der ein paar Mal nur knapp der Verhaftung entging«, erinnert sich Ida Steger. Es gibt Rupert Fernsebner, den Direktor des Krimmler Elektrizitätswerks, der zwar Parteigenosse ist, gleichzeitig aber die Opposition unterstützt. Und es gibt den Deutschen Oskar Kühlken aus Nürnberg, der als Halbjude in Krimml Unterschlupf gefunden hat und eine Skischule betreibt.

Um Fernsebner und Kühlken, der mit Sybille befreundet ist, bildet sich eine Widerstandszelle: man hört heimlich alliierte Sender, gibt deren Informationen über den aktuellen Frontverlauf weiter, wirbt Gesinnungsgenossen und sabotiert das System durch kleine Schritte zivilen Ungehorsams. Oder man bereitet sich auf den möglichen Ernstfall vor: auf Denunziation und Festnahme. In »Haus Ellen Gerda« liegt ständig ein Rucksack mit Fluchtgepäck bereit. Die italienische Grenze ist über einen Saumpfad in drei Stunden Fußmarsch erreichbar. Ein Weg, den im Herbst 1944 Oskar Kühlken wählt, um sich dem Zugriff der SS zu entziehen.

Ida Steger: »Man mußte höllisch aufpassen, wem man was sagen konnte. Denn unter den Widerständlern gab es jede Menge Opportunisten, die auf der anderen Seite des Revers immer noch ihr Parteiabzeichen trugen. Anfangs war Sybille da ziemlich unbekümmert. Doch als sie merkte, wie leicht die Leute ihre Meinung wechselten, verhielt sie sich vorsichtiger.«

Auch Sybille und ihr Mann betreiben eine Art Doppelstrategie. In Krimml unterstützen sie den Widerstand, in Berlin, wo sie als ausgebombt und evakuiert gelten, zeigen sie offiziellen Stellen gegenüber Wohlverhalten. Harald G. Petersson ist bei der Tobis als Autor für mehrere »kriegswichtige Produktionen« im Gespräch, und auch Sybille unterbricht ihr selbstgewähltes Exil und kehrt im Frühjahr 1944 vorübergehend nach Berlin zurück, wo sie unter der Regie von Arthur Maria

Rabenalt für die Terra dreht. Die Vorlage zu dem Film mit dem programmatischen Titel DAS LEBEN RUFT entstand nach Motiven des Schauspiels »Mutter Erde« von Max Halbe; ein naturalistisches Drama über die Unversöhnlichkeit von Stadt und Land und das Hohelied auf ein durch erdverbundene Arbeit erfülltes Leben.

Der Anfang des Jahrhunderts spielende Film erzählt von Paul (Paul Klinger), der nach seinem Landwirtschaftsstudium in Berlin nicht auf das väterliche Gut zurückkehrt, sondern Zeitungsverleger wird und eine Redakteurin heiratet. Sybille als Dr. Hella Brunius verkörpert das Negativ-Bild einer modernen Businessfrau: nervös, intellektuell, und auch im Privaten von stets geschäftsmäßiger Unterkühltheit.

Als Pauls Vater stirbt, begleitet sie ihren Mann nur widerwillig nach Westpreußen aufs Landgut seiner Familie.

Die bäuerliche Welt mit ihren Traditionen empfindet sie als »gespenstisch«, begegnet Pauls Verwandten mit zickiger Arroganz und drängt zur Rückkehr in die Stadt (»Ich halte das hier nicht aus!«). Dies tut sie dann alleine, während Paul auf Gut Ellernhof bleibt, um Erbschaftsangelegenheiten zu regeln. Dabei lernt er nicht nur den Wert des ländlichen Lebens zu schätzen, er entdeckt auch seine Jugendliebe Barbara (Gerhild Weber) wieder, die auf ihn gewartet hat.

Als Hella auftaucht, um ihn nach Berlin zurückzuholen, steht für Paul fest: er wird hierbleiben und sich persönlich um sein Erbe kümmern. Er, der nie ein Kind von Hella wollte, verlangt jetzt eins von ihr. Da gesteht sie ihm, daß sie unfruchtbar ist. Dies erleichtert Pauls Entschluß, sich von seiner Frau zu trennen und die weizenblonde Barbara zu heiraten, die mit den Worten für sich wirbt: »Ich will fruchtbar werden wie das Land, dem das Leben immer wieder zuwächst!«

Paul, glücklich beim Pflügen seiner Felder, Barbara glücklich bei der Aufzucht ihres blonden Nachwuchses und Hella in Hosen und mit kurzen Haaren irgendwo unterwegs in Berlin: »Man muß weiter, das ist das Gesetz der großen Stadt.«

Hier das entfremdete, unfruchtbare Großstadtdasein, dort das vitale, produktive Landleben: Rabenalts Film reduziert Max Halbes Stoff auf eine simple biologistische Botschaft. DAS LEBEN RUFT gehört zum letzten Aufgebot an Blut- und Boden-Filmen der dämmernden Hakenkreuz-Ära.

Und Sybille? Intellektuell, herrschsüchtig und frigide: als Antityp des von den Nazis gehuldigten Frauenideals tritt sie aus dem Kino des Dritten Reichs ab.

Als DAS LEBEN RUFT am 20. Dezember 1944 in Berlin Premiere hat, sind die weiten ostelbischen Landschaften, in denen der Film größtenteils spielt, bereits von der Roten Armee überrannt. Die Front verläuft an der Oder, von der aus fünf Wochen später der Sturm auf die Hauptstadt beginnt. Längst haben sich Sybille und ihr Mann wieder nach Krimml zurückgezogen, und nichts soll sie jetzt mehr freiwillig von hier wegbringen.

Im Herbst ist ihnen über Mittelsmänner ein Packen Briefe von Verurteilten des 20. Juli übergeben worden. Nach der Lektüre verstecken sie die Dokumente in ihrem Krimmler Haus. Zur gleichen Zeit hat Sybille amtliche Post aus Berlin erhalten, die sie auffordert, während »der drehfreien Zeit in einer der für die Filmschaffenden besonders eingerichteten Werkstätten in Berlin, München, Wien oder Prag Arbeit zu leisten. (...) Mit Ihrer freiwilligen Pflichterfüllung im Sinne des totalen Kriegseinsatzes wird gerechnet. Heil Hitler!«

Ebensowenig wie Sybille daran denkt, in einem Rüstungsbetrieb für den Endsieg zu schuften, ist ihr Mann weiter geneigt, seine Arbeitskraft der Filmindustrie eines Regimes zur Verfügung zu stellen, dessen Untergang besiegelt ist.

Am 8. Februar 1945 schreibt der stellvertretende Reichsfilmintendant Walter Müller-Goerne einen Brandbrief an Petersson, den er von einem Boten persönlich überbringen läßt: Man habe bei der Tobis vergeblich auf ihn gewartet und keine Reaktion auf etliche Telefonanrufe und Telegramme bekommen. Petersson wird ultimativ aufgefordert, sich nach Berlin zu begeben: »Sie sind für ein neues staatspolitisch wichtiges Vorhaben vorgesehen.«

Wahrscheinlich folgte Petersson dieser Aufforderung sogar. In der Schlußphase des Krieges, die mit galoppierenden Auflösungserscheinungen der staatlichen Organe einherging, galt zwar der Befehl eines stellvertretenden Reichsfilmintendanten nicht mehr viel, dennoch dürfte Petersson nach Berlin gefahren sein, um sich, indem er sich bei seinen Auftraggebern unentbehrlich machte, vor Schlimmerem zu bewahren.

Dort wollte man, nachdem die echten Schlachten verloren waren, wenigstens noch auf propagandistischem Feld glänzen – ähnlich wie in Veit Harlans KOLBERG, jenem absurden Unternehmen, für das man als Statisten Truppenteile abkommandierte, die eigentlich an der Front benötigt wurden.

Ein Antrag der Reichsfilmkammer beim Ortsgruppenleiter zeigt, daß Peterssons Kalkül aufging. In dem Schreiben vom 28. Februar '45 heißt es: »Der Obengenannte ist als Autor in der kriegswichtigen deutschen Filmproduktion und zur Zeit mit der Fertigstellung mehrerer Drehbücher für politische Propagandafilme beschäftigt. Da Petersson im Hinblick auf schnelle Fertigstellung der politischen Propagandafilme für die Fortführung der Filmproduktion, die von höchster Stelle angeordnet ist, unentbehrlich ist, wird gebeten, von einer Einberufung zum Volkssturm Abstand zu nehmen.«

Das gemeinsame Leben in der Bergeinsamkeit hat aber nicht nur idyllische Seiten. Trotz ihrer guten Kontakte zur Dorfbevölkerung fühlt Sybille sich von der Außenwelt abgeschnitten. Vor allem bedrückt sie ihr Dauerurlaub.

Sie wird unausgeglichen, läßt ihre Launen an ihrem Mann aus, dessen skandinavische Gelassenheit sie als Gleichgültigkeit deutet. Ihr fehlt das Studiolicht, die langen Drehtage, die Öffentlichkeit. In depressiven Stimmungen, die sie jetzt immer häufiger befallen, greift sie gern zur Flasche. Dann wird sie ausfällig, überhäuft ihren Mann mit Vorwürfen, als Autor nicht genug für sie getan zu haben.

Auf nächtelangen Diskussionen, die sich im Kreise drehen, folgen Tage der Entfremdung. Petersson ist froh, beruflich fort zu müssen. Er weiß, daß er damit Sybilles Enttäuschung und Eifersucht noch steigert, denn früher haben sie gemeinsam an ihren Projekten gearbeitet.

Den letzten Kriegswinter verbringt Sybille überwiegend alleine in Krimml.

Während dieser einsamen Wintermonate, in denen der Krieg nicht zu Ende gehen will, besucht sie einer ihrer Fans, der zufällig nach Krimml kam und erfahren hat, daß sein Idol hier lebt: »Nach der Mitternachtsmesse, draußen vor der Kirche, traf ich Sybille. ›Kommen Sie morgen‹, sagte sie, während von drinnen die Orgel nachklang, ›ich habe noch eine halbe Flasche echten schottischen Whisky.‹ Das war sehr viel im letzten Kriegsjahr. Anderntags betrat ich ein einsam gelegenes Blockhaus. Sie lebte dort allein. Ein großes Stück Roquefortkäse lag auf einem Band amerikanischer Lyrik. Schreie trunkener Neger gellten von der Schallplatte. Am runden grünen Kachelofen saß sie, auf elegante Weise nachlässig gekleidet. Ich vergaß das turbulente Stilleben und sah ihre tiefen dunklen Augen, erinnernd an Augen eines edlen Pferdes, ein wenig traurig, verschwimmend. In Ungnade bei den Machthabern, sprach sie von künftigen Filmrollen, wenn man erst wieder frei werde schaffen dürfen. Sie lächelte ihr breites, wehes Lächeln. Wir tranken Whisky.«

Immerhin ging die Ungnade nicht so weit, daß Sybille um ihr finanzielles Überleben hätte kämpfen müssen. Im gleichen Winter teilt ihr Reichsfilmintendant Hinkel mit, daß sie im Zuge der Gagen-Neuregelung für kulturschaffende Berufe mit einer monatlichen Grundvergütung von 1 500 Reichsmark rechnen könne, die durch Zulagen von Film zu Film aufgestockt werden soll. Ein staatlich garantiertes Fixum also, egal, ob Sybille drehte oder nicht – was derzeit eher die Regel war. Damit ließ sich's aushalten und gelassen das Ende abwarten.

Das Ende des »Tausendjährigen Reiches« näherte sich für Krimml in Form mehrerer amerikanischer Jeeps, die, aus Italien kommend, am 10. Mai 1945 den Gerlos-Paß hinunterrollten. Sie gehörten zur Vorhut einer Division, die drei Tage später nachrückte und, ohne auf Widerstand zu stoßen, das Dorf und später das gesamte Tal besetzte.

Die ominöse »Alpenfestung« hatte sich als Bluff erwiesen.

Doch nicht nur bei den Alliierten, auch in Deutschland hatte sich das Gerücht verbreitet, daß Dutzende hochrangiger Persönlichkeiten des Nazi-Staates ins Pinzgau geflüchtet waren. Der prominenteste von ihnen, Hermann Göring, wurde, eine Stunde von Krimml entfernt, in Zell am See festgenommen. Ebenfalls dort: die aus dem Reich evakuierten Rüstungsingenieure um Wernher von Braun und andere Forscherteams.

Als Frau, die während zwölf Jahren brauner Diktatur in der deutschen Öffentlichkeit stand, gerät Sybille zwangsläufig ins Visier der Sieger.

Nachdem feststeht, mit wem sie es bei den Bewohnern von »Haus Ellen Gerda« zu tun haben, werden auch Sybille und ihr inzwischen zurückgekehrter Mann verhört.

Die holen die versteckten Briefe der Verurteilten des 20. Juli hervor und übergeben sie den Amerikanern.

Sybille berichtet über ihre Einstellung zu den Nazis, über ihre Differenzen mit Goebbels, über ihre Kontakte zum Widerstand. Ihr Mann kann geltend machen, daß durch seine Mithilfe der Pinzgauer Gauleiter Greiser festgenommen wurde. Man glaubt ihnen fürs erste, läßt sie in »Ellen Gerda« bleiben. »Wir hatten dann ein himmlisches halbes Jahr unter den Amerikanern, manchmal auch ziemlich aufregend«, schreibt Sybille an Paul Falkenberg.

Erst später, als die alliierten Behörden ihre Filme genauer unter die Lupe nehmen, wird Sybille eine andere Einschätzung zuteil. Nach kritischer Würdigung von sechs Produktionen, die zwischen 1939 und 1945 mit ihr entstanden und deren Vorführung nach Kriegsende erst mal verboten wurde, kommt der amerikanische Zensurbeamte zu dem Schluß: »Sybille Schmitz ist politisch nicht harmlos. Sie spielte häufig in Filmen mit, die mehr oder weniger nachteilig für die Alliierten sind, und der letztgenannte Film (WETTERLEUCHTEN UM BARBARA) ist sogar eindeutig ein Nazi-Propaganda-Film, weshalb er seinerzeit mit ›staatspolitisch wertvoll‹ bewertet wurde.«

Den Rest des »himmlischen« halben Jahres unter den Amerikanern verbringt Sybille zusammen mit einer Freundin. Sybille, die das Ende von Krieg und Nazidiktatur genießt, hat sich auch privat von altem Ballast befreit. Als solchen empfand sie zuletzt ihre Ehe mit Harald G. Petersson. Die Streitereien und langen Trennungen des vergangenen Jahres haben die Substanz dieser Ehe ausgehölt. Um neu durchstarten zu können, möchte Sybille wieder ungebunden sein.

Petersson kommt das entgegen. Auch ihn hat das Zusammenleben mit seiner anstrengenden, ständig fordernden Frau zermürbt. Die beiden gehen einvernehmlich auseinander, wollen weiterhin Freunde bleiben. Der Scheidung, kurz nach Kriegsende vollzogen, wird später die Rechtskraft aberkannt.

ZWISCHEN GESTERN UND MORGEN

Im Herbst 1945 verläßt auch Sybille ihr österreichisches Refugium und kehrt nach Deutschland zurück.

In Hamburg trifft sie H. G. Petersson und einen gemeinsamen Freund, den Journalisten und Drehbuchautor Axel Eggebrecht, der ihnen rät, erst mal hierzubleiben: die Stadt liegt in der britischen Besatzungszone und bietet durch die großzügige Vergabe von Lizenzen gute Arbeitsmöglichkeiten für Medienberufe.

Er selbst arbeitet mit einem Kreis von unbelasteten Intellektuellen wie Peter von Zahn oder Ernst Schnabel am Aufbau des Nordwestdeutschen Rundfunks. Sybille möchte vor allem wieder künstlerisch Anschluß finden. Obwohl zu den Nazis immer auf Distanz, fiel ihre Karriere in die Zeit des Dritten Reichs, wofür sie sich bald rechtfertigen muß. Besonders die letzten Jahre der Naziherrschaft waren für sie gleichbedeutend mit kreativem Stillstand.

Um im Deutschland der Stunde Null irgendwo anzuknüpfen, sucht sie den Beistand ihres geschiedenen Mannes. Und bald zeigt sich, daß die beiden einander doch noch etwas bedeuten. Wenn auch nur als vorübergehende Notgemeinschaft: in Hamburg vergessen Sybille und Harald G. Petersson ihren Trennungsvorsatz und ziehen wieder zusammen.

Finanziell stehen sie und ihr Mann gut da. Beide haben ihr Vermögen über den Krieg gerettet und können sich eine Wohnung in besserer Lage der Hansestadt leisten: Fernsicht 6, nahe der Alster, wird Sybilles Nachkriegsdomizil.

Eine kleine Wohnung nur, aber immerhin mit einem Dachgarten. Probleme bekommt sie dafür mit ihrer Gesundheit. Obwohl auch in Krimml die Auswirkungen des Krieges durch Lebensmittelrationierungen spürbar waren, konnte durch die Nähe zur Landwirtschaft immer so viel an Grundnahrungsmitteln organisiert werden, daß niemand hungern mußte. In Hamburg dagegen macht der ohnehin zierlichen Sybille die schlechte Versorgungslage des ersten Nachkriegswinters zu schaffen. Sie verliert an Gewicht, erkrankt und muß pausieren.

Hinzu kommt, daß, nach ihren Filmen, jetzt auch die Person Sybille Schmitz von den Alliierten genauer unter die Lupe genommen wird.

Wie Millionen ihrer Landsleute erhält auch Sybille den zwölfseitigen »Fragebogen« des *Military Government of Germany*, in dem sie nach Herkunft und Ausbildung ebenso gründlich befragt wird, wie nach beruflichen Stationen und Zugehörigkeit zu staatlichen Organisationen. »An welchen Adolf-Hitler-Ordensburgen, Schulungsburgen (Lagern), NS-Führerschulen oder Militärakademien haben Sie unterrichtet?« interessierte etwa die Prüfer genauso wie die Frage nach der Mitgliedschaft in einer von mehr als fünfzig genannten Vereinigungen: von der »Waffen-SS«, über den »NS-Bund Deutscher Technik« bis hin zum »NS-Altherrenbund« oder der »Staatsakademie für Rassen- und Gesundheitspflege«.

Sybille kann die meisten der 133 Punkte mit »Nein« beantworten. Ein – zweifelhaftes – »Ja« erscheint nur auf die Frage, ob sie jemals »aus dem Beamtenstand, dem Lehrerberuf, einer kirchlichen oder irgendeiner anderen Stellung auf Grund aktiven oder passiven Widerstandes gegen die Nazis entlassen worden« sei.

Zweifelhaft auch Sybilles »Ja« auf Frage 115: »Wurden Sie jemals aus rassischen oder religiösen Gründen oder weil Sie aktiv oder passiv den Nationalsozialisten Widerstand leisteten, in Haft genommen oder in Ihrer Bewegungs- oder Niederlassungsfreiheit oder sonstwie in Ihrer gewerblichen oder beruflichen Freiheit beschränkt?«

Ausführlicher geht Sybille auf ihre Widerstandsaktivitäten ein, nennt Gesinnungsgenossen und Zeugen, die für sie bürgen können, u. a. Axel Eggebrecht, Gustaf Gründgens oder Heinz Rühmann.

Vor dem Hintergrund eines drohenden Berufsverbots, wie es manchen Kollegen im Rahmen der Entnazifizierung traf, wird Sybilles Bemühen verständlich, ihre Rolle als Regimegegnerin herauszustellen – bekanntlich eine weit verbreitete Praxis, um den begehrten »Persilschein« zu bekommen. Daß sie, wenn auch widerwillig, unter den Bedingungen dieses Regimes arbeitete, zum Teil auch davon profitierte, war weder Gegenstand des »Fragebogens« noch kann es ihr zum Vorwurf gemacht werden.

Ihre Angaben im »Fragebogen«, den Sybille am 11. Juli 1946 bei der alliierten Militärregierung einreicht, bleiben unbeanstandet.

In der gleichen Woche steht Sybille zum erstenmal nach dem Krieg wieder öffentlich auf einer Bühne. In einem der zahlreichen neuen Privattheater der Hansestadt, dem Intimen Theater, spielt sie in Louis Verneuils Zweipersonenstück »Monsieur Lamberthier« die Germaine: eine Frau, die die Eifersucht ihres Mannes (Franz Schafheitlin) provoziert, der glaubt, daß sie ihn mit ihrem Paten Monsieur Lamberthier betrogen hat. Sybille erscheint »mit dem opalenen Schmelz jener leicht verruchten Unschuld, die eine neue Leidenschaft auch den erfahrenen Frauen verleiht«, wie die *Hamburger Allgemeine Zeitung* schrieb. »Ihre Germaine wirkt wie eine in ein junges Mädchen verwandelte uralte Zauberin, gleichsam mit Vorwelterfahrungen in der Liebe gerüstet, aber ratlos dem Leben ausgeliefert, in kurzatmige Lügen, die nur Beschwörungen sein sollen, großäugig-angstvoll verstrickt. (...) Sie hat hundertmal ›Maurice!‹ zu sagen: klagend, beschwörend, jubelnd, vorwurfsvoll, entsetzt und tröstend – nie wird's einem zuviel.«

Und sie macht Erfahrungen mit einem für sie neuen Medium: beim neugegründeten NWDR engagiert sie Axel Eggebrecht, der dort Abteilungsleiter ist, als Hörspielsprecherin.

Im Herbst schließlich meldet sich ein alter Bekannter bei Sybille: Erich Pommer ist als amerikanischer Liaison-Offizier nach Deutschland zurückgekehrt, wo er den Wiederaufbau der Filmwirtschaft koordiniert. Für das kommende Frühjahr plant er seine erste Nachkriegsproduktion mit einem Film, der an Originalschauplätzen in München und auf dem Bavaria-Gelände in Geiselgasteig entstehen soll: »Ein Film, der von '36 bis '45 im Hotel Regina, dem unzerstörten und dem zerstörten spielt«, wie Sybille an Paul Falkenberg nach New York schreibt. »Ich habe eine großartige Aufgabe: eine Jüdin, die sich von ihrem Mann, einem berühmten Schauspieler trennt, um ihm keine Schwierigkeiten zu machen. Sie endet durch Selbstmord. Eine zauberhafte, leise, graziöse, liebenswerte Person, voll Güte, Charme, Klugheit und Humor der Seele und ungeheurer Tragik – kurz: der Mittelpunkt dieses Films. Für mich besonders tragisch, da diese Figur den Namen Nelly Dreyfuß tragen soll, Sie erinnern sich, sie war mit Dieboldt befreundet. Nelly Dreyfuß sah mir so unglaublich ähnlich, daß sie noch aus Jux '33 und '34 auf Bällen in Frankfurt manchmal als Sybille Schmitz Autogramme gab. Sie wurde nach einer unglaublichen Flucht durch Europa in Paris verhaftet und kurz vor Kriegsende in Auschwitz vergast. Der Autor (Harald Braun, d. V.) hatte ein Bild von ihr und zeigte es Pommer, worauf Pom-

Mit Willy Birgel in *Zwischen gestern und morgen*, 1947

mer sagte, das kann nur eine Frau spielen: Sybille. Ich werde so spielen, wie ich noch nie gespielt habe: in memoriam Nelly Dreyfuß, aber auch in memoriam aller Angehörigen meiner jüdischen Freunde, die in Belsen, Buchenwald, Dachau, Auschwitz und Theresienstadt gestorben sind und in Dankbarkeit für meine noch lebenden jüdischen Freunde, ohne die es die Schauspielerin Sybille Schmitz nicht gegeben hätte.«

Die Geschichte einer Gruppe versprengter Menschen, deren Wege sich in Münchens zerbombtem Regina-Palast-Hotel kreuzen, vermittelt eindrucksvoll die Seelenlage der atomisierten deutschen Nachkriegsgesellschaft: jeder für sich, und alle verstrickt in der Frage nach Schuld, Verdrängung und kollektiver Verantwortung. Jeder allein mit seinem Überleben beschäftigt, mit seiner jüngsten Vergangenheit und der Rolle, die er darin gespielt hat. Und alle unterwegs zu unbekanntem Ziel. Einerseits die alten Gepflogenheiten, Maskierungen, andererseits die Kinder der neuen Zeit mit ihren lässigen Umgangsformen.

Ein Emigrant (Viktor de Kowa) kehrt nach zehnjähriger Abwesenheit ins zerstörte München zurück. Auf der Suche nach einer jungen Angestellten des Regina-Palast-Hotels, die er damals liebte, gerät er in die notdürftig wieder hergerichtete Ruine der einstigen Nobelherberge. Er trifft auf alte Bekannte und neue Gesichter. In Rückblenden über die vergangenen zehn Jahre erfährt der Zuschauer Näheres über die scheinbar zufällig zusammengewürfelte Gruppe. Was sich wie ein roter Faden durch dieses Jahrzehnt zieht und diese Menschen verbindet, ist das Schicksal eines verschollenen Schmuckstücks. Es gehörte einem Hotelgast, einer Jüdin, die das Dritte Reich nicht überlebt hat...

Sybille spielt diese Nelly Dreyfuß, Frau eines berühmten Schauspielers (Willy Birgel), von dem sie sich wegen der Rassengesetze getrennt hat und den heimlich zu treffen sie ins Hotel gekommen ist, ehe sie dort der Gestapo in die Arme läuft. Ihrer Festnahme entzieht sie sich durch einen Sprung aus dem 3. Stock ins Treppenhaus.

Eine veränderte Sybille tritt einem in ZWISCHEN GESTERN UND MORGEN entgegen. Nach dreijähriger Leinwandpause ist sie deutlich gereift, aber auch schöner geworden. Sie spielt die Nelly Dreyfuß mit der stillen Ergebenheit eines Menschen, der sich in sein Los schickt, dessen Ende selbst zu bestimmen aber sein letzter Akt von Widerstand und Würde bleibt. Ansonsten packte Autor und Regisseur Harald Braun alles an moralinhaltigem Pathos in den Film, was zwei Jahre nach Ende von Krieg und Diktatur geboten schien und der alliierten Kontrollmacht gefallen mochte. »Es muß doch weitergelebt werden, oder? Anders geht's doch gar nicht!« Mit solchen und ähnlichen Ethik-Appellen (»Jeder traut heute dem anderen nur das Schlechteste zu«) sollte den Deutschen über die schwierige Zeit zwischen Zusammenbruch und Neubeginn geholfen werden.

Die Dreharbeiten dauern von April bis Juni 1947. Mit dabei sind – neben Sybille – Viktor de Kowa, Willy Birgel, Hildegard Knef und Winnie Markus, die sich mit Sybille anfreundete und ihr bei späteren München-Besuchen ihr Apartment überließ: »Ich habe sie – Verzeihung um das altmodische Wort - als *edel*, diszipliniert und sehr sensibel in Erinnerung. Sie tat sich sichtlich schwer mit der neuen Zeit. Nach dem Krieg waren ja vor allem robuste Persönlichkeiten gefragt. Dafür war sie zu sensibel. Sie hatte ihren Stolz, konnte sich nicht gut verkaufen.«

Dies bestätigt auch Christian Fortmann, der nach Kriegsende vorübergehend in München lebte: »Sybille bat mich einmal von Hamburg aus für eine Nacht um Quartier, weil sie sich für eine Rolle bewerben wollte. Ich lebte mit meiner damaligen Frau sehr beengt, konnte ihr nur eine Mädchenkammer anbieten. Dort schlief sie dann. Am nächsten Tag machte sie sich auf den Weg, wurde aber nicht engagiert. Enttäuscht fuhr sie nach Hamburg zurück.«

Zwischen gestern und morgen, 1947

Acht Wochen nach Premiere von ZWISCHEN GESTERN UND MORGEN, die am 11. Dezember '47 in München stattfindet, kursiert in der deutschen Emigrantengemeinde Hollywoods das Gerücht, Sybille sei Opfer eines Selbstmordversuchs geworden. Den Autor des Dementi, das in einer Exilzeitung unter dem Titel »Falscher Nachruf für Sybille« erscheint, hätte es freilich nicht gewundert, wenn die Nachricht gestimmt hätte, angesichts »der ganzen Skala täglicher Bedrohtheit eines Frauenlebens in Europa, von Hunger, Enttäuschung des Ehrgeizes, zu Liebespech«.

An dem Gerücht stimmte, daß Sybille tatsächlich versucht hatte, sich umzubringen. Durch die mißverständliche Verwendung des Wortes

»Opfer« aber war Sybille irrtümlicherweise für tot gehalten worden. Auslöser für Sybilles Selbstmordversuch war ein Wiedersehen mit ihrem alten Freund Robert Lantz.

Als Lantz 1933 aus Deutschland emigrieren mußte, hatte Sybille ihm als »Fluchthilfe« ihren Schmuck geschenkt. Lantz ist inzwischen erfolgreicher Agent in den USA und verbringt seinen Winterurlaub 1947/48 in der Schweiz, wo ihn Sybille besucht. Sybille, die zunehmend darunter leidet, daß der ersehnte Neubeginn sich so zäh anläßt, bittet den Freund um einen Gefallen: sie möchte weg aus Europa, weg aus dem kaputten Deutschland, das sie deprimiert, und in dem für sie nichts vorangeht.

Sie bittet ihn, eine Scheinehe mit ihr einzugehen, damit sie, als amerikanische Staatsbürgerin, ihr Glück in Hollywood versuchen kann.

Doch Lantz lehnt ab.

Stunden später schneidet sie sich die Pulsadern auf, ist dabei, wie sie später angibt, »ganz klar und nüchtern«. Sie wird gefunden und gerettet.

Mit Harald G. Petersson, 1948

Es ist ein Warnschuß: sie braucht Arbeit, Perspektiven, wenn sie weiterleben soll.

Und Harald G. Petersson versteht, schreibt ein Buch mit einer starken weiblichen Protagonistin und kann den Hamburger Produzenten Gyula Trebitsch mit seiner Real-Film dafür gewinnen. Nach eineinhalb Jahren lähmender Unterbrechung, nach Depressionen und Alkoholexzessen, steht Sybille im Herbst 1948 erstmals wieder vor einer Kamera und ist während der Dreharbeiten »absolut clean« – so Gyula Trebitsch.

DIE LETZTE NACHT von Eugen York zeigt sie als französische Widerstandskämpferin kurz vor Ende des zweiten Weltkriegs. Die deutschen Truppen sind auf dem Rückmarsch und besetzen ein Château, das von einer Schriftstellerin bewohnt und verwaltet wird.

Renée Meurier, die in Freiburg studiert hat, begegnet den Deutschen mit reservierter Korrektheit, während sie im Keller ihren verwundeten Bruder, der für die Résistance kämpft, versteckt hält. Um ihn bei einer Sabotage-Aktion zu vertreten, zieht sie sich zur Tarnung eine deutsche Wehrmachtsuniform über und jagt einen Staudamm in die Luft. Doch rasch wird Renée als Täterin entlarvt und zum Tod verurteilt. Die Stunden bis zu ihrer Hinrichtung im Morgengrauen verbringt sie in Gesellschaft eines deutschen Leutnants (Karl John), dem am gleichen Tag ein Himmelfahrtskommando bevorsteht.

Das Ende vor Augen entdecken die beiden einander und verbringen ihre zugleich erste und letzte gemeinsame Nacht.

Die Vergeblichkeit ihrer Liebe zählt dabei nicht: »Ich glaube, das Schönste ist immer das, was man ersehnt«, sagt Renée dem Leutnant Buchner, der ihr wenig später zur Freiheit verhelfen und sich dafür opfern wird.

Ein Stoff mit dem Potential für ein starkes Melodram, wären nicht allerhand völkerverbindende, antimilitaristische Botschaften ins Buch gepackt worden. »Ich hasse nicht Sie oder Ihr Volk, nicht Ihre Uniform, nicht einmal den General, der das Urteil unterschrieben hat. Das hätte jeder General in jeder Armee getan. Aber ich hasse den Krieg und die, die ihn wollen und an ihm verdienen.« Dergleichen hatte Sybille den Zuschauern mit auf den Weg zu geben. Die aber spürten die Absicht und waren verstimmt: »Die festliche Uraufführung, die in zwei der

PREIS 50 Pfg.
Film-Express
Sybille Schmitz
spielt in dem neuen Real-Film „Die letzte Stunde"

anspruchsvollsten Premierenhäuser Hamburgs zugleich stattfand, erhielt die Zustimmung eines nicht hingerissenen, aber nachdenklich gewordenen Publikums – nachdenklich nicht zuletzt darüber, warum es so unverhältnismäßig kühl blieb nach einem Film, den man in jedem Fall bejahen muß«, berichtete eine Zeitung über den Start von DIE LETZTE NACHT am 11. Februar 1949.

Auch Sybille war mit dem Ergebnis nicht zufrieden.

Obwohl sie angeblich ein Mitspracherecht bei der Gestaltung hatte, klagte sie darüber, von Produktion und Regie übergangen worden zu sein. Was bleibt, sind bewegende Portraitstudien des Kameramanns Willy Winterstein von Sybille. Einer Sybille, die mit ihrer Aura aus Melancholie und Schönheit den Film dominiert.

Einer Schönheit, die um so stärker scheint, je größer die Trauer auf ihrem Gesicht ist – als gäbe es da eine Verbindung.

Selbst in den wenigen unbeschwerten Momenten des Films bleibt dieses Gesicht ernst, und in den ernsten wirkt es wie im Delirium: den verschleierten Blick nach innen gewandt, die Stirn von Kummer überschattet, der Mund erstarrt. Die Rolle der Todgeweihten, die nur noch wenige Stunden zu leben hat, erforderte diese Haltung. Vermutlich aber hatte diese Haltung mehr mit ihrem Gemütszustand zu tun, wenn die Kameras abgestellt wurden und das Studiolicht erlosch.

ANLÄUFE, ABSTÜRZE

Im Frühjahr 1949 trennen sich Sybille und Harald G. Petersson erneut: sie bleibt zunächst in Hamburg, wo sie in einer Komödie namens »Der Engel« die Titelrolle übernehmen soll, er verlagert seine beruflichen Aktivitäten nach München.

Doch es dauert nicht lange, bis Sybille nachkommt: die geplante Theaterproduktion hat sich zerschlagen, Sybilles Stimmung ist mal wieder im Keller, ebenso sind es ihre Finanzen. Angeblich kann sie die Miete der Hamburger Wohnung nicht mehr bezahlen. Durch die Währungsreform sind ihre Ersparnisse dahin, zu Geld hat sie ohnehin kein Verhältnis, und neue Filmangebote bleiben aus.

Da braucht sie die Nähe zu dem Mann, von dem sie eigentlich geschieden ist, der aber stets ein ruhender, verläßlicher Pol für sie war. Sie kann zwar nicht mehr mit ihm leben, ohne ihn aber offenbar auch nicht.

Außerdem sitzt in München Erich Pommer, entwickelt sich die Stadt mit den heil gebliebenen Bavaria-Studios zum – nach Hamburg – Zentrum des Nachkriegsfilms. Vielleicht ergibt sich hier eher etwas. Bis sie eine eigene Wohnung gefunden hat, kommt Sybille bei einem befreundeten Ehepaar unter, bei dem ihr Mann bereits zu Gast ist.

Conrad und Beate von Molo sind vom gleichen Fach: der ehemalige Assistent Fritz Langs hat nach der Rückkehr aus dem englischen Exil eine Synchronfirma gegründet, für die Harald G. Petersson als Autor arbeitet – ein blühender Zweig, seit Hollywood-Produktionen den westdeutschen Markt überschwemmen und von einem entwöhnten Publikum begierig aufgesogen werden. Seine Frau Beate, Tochter des Schauspielers Alexander Moissi, (ein früherer Kollege Sybilles am Berliner Deutschen Theater) ist Prinzipalin des »Atelier-Theater« in Schwabing.

Die von Molos bewohnen ein Haus in der Grünwalder Robert-Koch-Straße, unweit des Bavaria-Geländes, das sie sich mit einer anderen Familie teilen.

»Wir hatten wenig Platz«, erzählt Beate von Molo. »Sybilles Mann campierte in einem ausrangierten Wohnwagen der Wehrmacht, den wir irgendwo billig gekauft und im Garten aufgestellt hatten. Und Sybille schlief bei uns im Wohnzimmer auf dem Sofa.«

Mit Beate von Molo

Bald wird Sybille ins Schlafzimmer der Beate von Molo umziehen, erweitert sich die Freundschaft zweier Paare durch ein Binnenverhältnis der anderen Art: der heftigen Liebe zwischen den beiden Frauen. Einer Liebe, deren Keim bereits früher gelegt wurde. Beate von Molo: »Kennengelernt habe ich Sybille kurz nach dem Krieg. Schon bei meiner ersten Begegnung war ich fasziniert von ihr. Sie war schön, charmant, elegant, intelligent und voller Humor. Gleich am ersten Tag schenkte sie mir eine große Flasche Parfüm und einen teuren Schal. Ich wußte gar nicht, wie mir geschah.«

Erst später merkt Beate von Molo, daß sie nicht die einzige ist, denen Sybilles Großzügigkeit gilt: »Sie überschüttete all ihre Freunde und Kollegen mit kostbaren Geschenken. Das tat sie aber tatsächlich aus einer gewissen Hilflosigkeit heraus und mit dem brennenden Wunsch nach Bewunderung.« Sybille kann sich dieser erst einmal sicher sein. »Ich dachte: das ist einmal ein wirklich glücklicher Mensch.«

Die Liebe der beiden Frauen fordert den Ehemännern einiges an Verständnis ab. Weniger seitens Conrad von Molo. Beate: »Mein Mann war damals mit der Hannelore Schroth liiert. Das ging jahrelang. Ich wußte davon und hatte kein Problem damit. Im Gegenteil: Ich habe sie heiß geliebt, die Hannelore. Das störte unsere Ehe nicht, hatte nicht zu stören. Denn wenn's gestört hätte, wären wir nicht 68 Jahre lang zusammen geblieben.«

Conrad von Molo: »Es war ein merkwürdiges Verhältnis, das ich zu meiner Frau hatte. Wir waren sehr locker in unserer Ehe, aber immer aufrichtig zum anderen, berechenbar. Sybille hatte eine Beziehung zu meiner Frau und basta. Sie verstand sich nicht als Lesbierin, und das war sie in meinen Augen auch nicht. Die emotionale Seite hat da eine größere Rolle gespielt. Sybilles Mann dagegen war eher altmodisch, der konnte schwer mit ansehen, was da zwischen den beiden Frauen lief.«

Was da zwischen den beiden Frauen lief, scheint von Sybilles Seite eine Art Hilferuf gewesen zu sein. Denn sie liebt ihren Mann noch immer, kann aber nicht verhindern, daß er sich anderweitig orientiert – worauf sie mit panischer Eifersucht antwortet.

Auch Harald G. Petersson liebt Sybille. Was zwischen ihnen steht, sind Sybilles Suchtprobleme und deren Begleiterscheinungen.

Der Frankreichstart von DIE LETZTE NACHT soll von einer PR-Kampagne für Sybille begleitet werden. Beate und Conrad von Molo beschließen, mit nach Paris zu kommen, wo in einem Hotel der Presseempfang stattfinden soll, von dem für Sybille viel abhängt. Doch die Veranstaltung gerät zum peinlichen Debakel: die Hauptakteurin erscheint betrunken.

Niedergeschlagen fahren die drei nach München zurück, wo – diesmal mit Schlaftabletten – der nächste Suizidversuch folgt.

Beate von Molo: »Allmählich wurde uns bewußt, wie schlimm es um sie stand. Daß sie seit Jahren heimlich soff, hatte sie bis dahin vor der Öffentlichkeit geschickt verborgen. Damit war es jetzt vorbei. Wir mußten immer mehr feststellen, daß sie in zwei Personen zerfiel. Wenn sie nicht getrunken hatte, war sie der gescheiteste, netteste Mensch – bezaubernd, hilfsbereit, voller Niveau. Doch kaum hatte sie ein Glas zuviel getrunken – und das konnte sehr schnell gehen – wurde es schrecklich. Dann schob sich ihr Kinn vor, verkrampfte sich ihr Mund, und ihr schönes Gesicht wandelte sich zur Fratze. Vor allem aber: alles, was man so an ihr schätzte, drehte sich total rum. Dann wurde sie unerträglich und gemein, konnte ihre besten Freunde verraten. Dabei war sie ein so fairer Mensch. Aber im Suff war alles möglich bei der Sybille. Sie war eine Dr.-Jekyll-and-Mr.-Hyde-Persönlichkeit.«

Zu Alkoholsucht und Depressionen gesellt sich ein anderes Symptom: Sybilles Sensibilität nimmt pathologische Züge an. Immer häufiger fühlt sie sich durch harmlose Bemerkungen ihrer Umgebung persönlich angegriffen, ist tagelang gekränkt oder reagiert jähzornig.

Beate und Conrad von Molo sprechen mit Harald G. Petersson. Auch er kennt diese Zustände und stimmt mit den Freunden überein, daß etwas geschehen muß. In einem günstigen Moment schlagen die drei Sybille vor, sich psychiatrisch behandeln zu lassen. Doch Sybille will davon nichts wissen. Nach einem weiteren Selbstmordversuch läßt sie sich immerhin zu einer Entziehungskur überreden. Anfang Januar 1950 verbringt sie drei Wochen in einem Sanatorium bei München. Danach geht es ihr blendend. Sie raucht und trinkt nicht mehr, berauscht sich an Plänen für eine Theatertournee. Als daraus nichts wird, folgt prompt der Absturz. Dann weitet sich die Enttäuschung über ein geplatztes Projekt zur Existenzkrise, treten wieder Alkohol und Nikotin auf den Plan.

Erneut macht dies ihrer Umgebung klar, daß für Sybille die Arbeit zur Überlebensfrage geworden ist. Das weiß auch Beate von Molo. Wenn sie Sybille schon nicht als Freundin helfen kann, versucht sie es wenigstens als Kollegin.

Durch ihre Fürsprache wird Sybille von der Agentin Steffi Jovanovic unter Vertrag genommen, die ihr Hauptrollen in drei neuen Filmprojekten besorgt. Gleich danach plant Beate von Molo für ihr Atelier-Theater eine Inszenierung mit Sybille, in deren Karriere das Jahr 1950 zu einem der produktivsten seit langem werden soll. Ein Jahr, in dem Sybille alles versuchen will, um ihren Tiefpunkt zu überwinden und den Erfolg zu erzwingen, koste es, was es wolle. Dafür muß sie an die Rampe, Präsenz beweisen – wie früher.

Sie hat inzwischen wieder eine eigene Bleibe, wohnt zur Untermiete bei einem Baron von Lang-Pudow in der Widenmayerstraße 36.

Im April sollen in Hamburg die Dreharbeiten für einen Film mit dem Titel DIE LÜGE beginnen: die Geschichte einer verheirateten Frau, von der ihr Mann glaubt, daß sie ihn mit einem jüngeren betrügt. Nicht gerade originell, aber mit einer starken Besetzung: Ewald Balser (als Forscher und Ehemann, der vor allem mit seiner Arbeit verheiratet ist),

Will Quadflieg (als vermeintlicher Nebenbuhler), Otto Gebühr und Cornell Borchers. Und Gustav Fröhlich als Regisseur. Er gilt als streng, einer, der kein Pardon kennt, bis zu sechzehn Stunden täglich dreht.

Wieder sind eineinhalb Jahre seit Sybilles letzter Filmarbeit vergangen. Je länger die Pausen werden, desto mehr wächst der Erwartungsdruck, wächst die Angst, zu versagen. Am 10. März, wenige Wochen vor Drehbeginn, wird Sybille in ihrem Zimmer delirierend neben drei leeren Röhrchen Schlaftabletten gefunden.

Ein Arzt pumpt ihr den Magen aus.

Nach diesem vierten Selbstmordversuch innerhalb von zwei Jahren hält er es für geboten, Sybille in die geschlossene Abteilung der Nervenklinik Haar bei München einzuweisen.

Als sie aus ihrer Benommenheit erwacht und realisiert, wo sie gelandet ist, beginnt sie zu toben und verlangt ihre sofortige Entlassung. Wüst beschimpft sie die Ärzte und wirft ihnen Freiheitsberaubung vor. Diese verzichten auf eine körperliche Untersuchung, die sie nur weiter provozieren würde, befragen die Patientin auch nicht nach ihren Motiven, sondern informieren sich lieber bei ihrer Umgebung.

H. G. Petersson berichtet vom schlechten Einfluß diverser Freundinnen auf seine Frau. Offenbar hätten sie ihr zugetragen, daß er inzwischen mit einer anderen zusammen sei. Sybille habe ihn daraufhin schriftlich zu einer Erklärung aufgefordert. Er habe zurückgeschrieben, daß er ihr gegenüber keine Rechenschaft schuldig sei und sich nicht auf eine Erörterung des Themas einlasse.

Dieser Brief, vermutet Petersson, sei der Anlaß für den Suizidversuch gewesen. Drei Tage bleibt Sybille zur Beobachtung in Haar, wo sie sich allmählich beruhigt.

Die Unruhe kommt eher von draußen: Beate von Molo gelingt es, zu ihr durchzudringen, indem sie sich als ihre Schwester ausgibt, »auch andere Damen machen viel Getöse!«, vermerkt der Bericht der Klinik.

Am 13. März schließlich, dem Datum ihrer Entlassung, ist eine »geordnete Unterhaltung in durchaus höflichem Ton« mit der Patientin möglich: »Sie allein könne über ihr Leben verfügen. Aber sie werde jetzt keinen Suizidversuch mehr machen, wolle nur arbeiten.«

Sybille wiederholt hier auch, was sie zuvor schon anderen offenbart hatte: sie fühlt sich von Beate von Molo und ihrer Frauenclique bedrängt, deren Einfluß schlecht für sie sei. (Der einweisende Arzt hatte von einem Hörigkeitsverhältnis gesprochen, weshalb Kontakte unterbunden werden müßten.) Weiter gibt Sybille zu Protokoll: »Sie sei nicht ›schwul‹ (was Frau von Molo allgemein nachgesagt wird). Diese habe ihre Kusine ihrem Mann zugeführt.« Ihr Mann beschäftigt sie stark während des Aufenthaltes in der Psychiatrie. Bei seinem ersten Besuch bricht sie in einen »Haß-Affekt« gegen ihn aus und schmeißt ihm die mitgebrachten Blumen hinterher. Später beginnt sie zu weinen, als der Name ihres Mannes erwähnt wird, an dem sie »zweifellos« sehr hänge.

Am Tag ihrer Einlieferung hatte sie den Arzt beschimpft, er solle sich ja nicht einbilden, daß er ihre Ehe wieder zusammenflicken könne.

Am Entlassungstag läßt sie sich dann aber doch von Harald G. Petersson aus der Klinik abholen (»da ihr die anderen Personen nicht angenehm sind«). Die Patientin, so der abschließende psychische Befund, wirke »gehetzt, schwankend, trotz Starrheit, in ihrem starken inneren Stolz dauernd verletzlich. Ihre Schimpfworte sind Eruptionen, die starke innere Spannungen, Gegensätzlichkeiten vermuten lassen.« (...) »Eine starke Eigenwilligkeit, Selbstherrlichkeit kommt immer wieder durch, trotz des nun höflichen, fast bescheidenen Benehmens.« (...) »Diagnose: Psychopathie (schizoid, süchtig), Zustand: gebessert, Prognose: fraglich.«

Unter starken inneren Spannungen, die sie fast zerbrechen lassen, steht Sybille in der Tat: sie kann nicht so viel arbeiten, wie sie möchte, sie kann nicht arbeiten, was sie möchte, weil die wenigen Filmangebote unter ihrem Niveau sind (im vergangenen Jahr hat sie deshalb eine Hauptrolle für 60 000 Mark ausgeschlagen), und sie kann den Mann nicht mehr haben, den sie liebt. Statt dessen fühlt sie sich einer Geliebten ausgeliefert, die beruflich viel für sie tut, die aber auch privat gerne Regie führt, und deren (sexuelle) Ansprüche sie (mangels eindeutiger Disposition) nicht erfüllen kann.

Harald G. Petersson hat inzwischen wirklich ein Verhältnis mit Beates Kusine Gisi. (Inwieweit hier Beate nachgeholfen hat, um Sybille ganz für sich zu bekommen, ist nicht mehr auszumachen.) Was Wunder also, daß Sybille »in ihrem inneren Stolz dauernd verletzlich« ist. Neben beruflichen Krisen und Suchtproblemen befindet sie sich mitten in einer emotionalen Menage à trois, die sie überfordert und der sie sich durch ihre wiederholten Selbstmordversuche zu entziehen sucht. Was sie allein aufrichten kann, ist Arbeit.

Nach ihrer Entlassung aus Haar kuriert sie sich eine Woche lang in einer Münchner Privatklinik aus und fährt Anfang April nach Hamburg, wo die Dreharbeiten zu DIE LÜGE beginnen.

Dort wirkt sie wie ausgewechselt, erscheint pünktlich am Set, schuftet wie eine Besessene und verhält sich kooperativ zu Kollegen und Team, eben so, wie man es von ihr gewohnt ist.

Mit Gustav Fröhlich und Will Quadflieg bei den Dreharbeiten zu *Die Lüge*, 1950

Ihren Grundsatz, während der Arbeit keinen Tropfen Alkohol anzurühren, kann sie diesmal nicht aufrechterhalten. Wenn sie gerade nicht gebraucht wird, verschwindet Sybille in einer Ecke des Studios und nippt an einem Glas Wein. Ißt dazwischen auch ein wenig, damit es nicht zu sehr auffällt, und spendiert, als man sie ruft, eine Runde fürs ganze Team. So hält sie sich in Schwung und schützt sich davor, in ihrer Beschwingtheit vor den anderen plötzlich alleine da zu stehen. Vor der Presse reflektiert sie über ihre Filmrolle – die einer vernachlässigten

Ehefrau: »Ich bin durchaus nicht abgeneigt, ein kleines Abenteuer zu suchen. Warum nicht?

Aber diesmal hat mein Mann nicht recht mit seiner Eifersucht.

Allerdings sprechen zufällige Umstände dafür, daß ich etwas mit Harry habe. Dabei finde ich ihn nur nett und amüsant – für einen Flirt. Thomas irrt sich also, und dieser Irrtum wird uns allen fast zum Verhängnis. In Zukunft wird er sich mehr um mich kümmern müssen!«

Es ist mal wieder Sybilles Undurchsichtigkeit, die die Männer unter Streß setzt und eine Katastrophe heraufbeschwört. Der Strahlenforscher Dr. Thomas Robertson (Ewald Balser), Ehemann von Sybille, gerät bei einer Ballonfahrt mit dem attraktiven Harry (Will Quadflieg) in ein Gewitter, bei dem dieser über Bord geht, den Unfall aber schwerverletzt überlebt. Robertson im Zwielicht: hat er bei dem Sturz nachgeholfen, um den Jüngeren loszuwerden, von dem er glaubt, daß er ihn mit seiner Frau betrügt? Robertsons Dilemma wächst, als er die Chance hat, seinen unter Gedächtnisverlust leidenden Rivalen endgültig zu beseitigen. Verantworten muß sich der Verdächtige zuletzt nicht etwa vor einem Gericht, sondern vor einem Tribunal von Journalisten – somit endet der Film mit einem Plädoyer für die Pressefreiheit.

Als DIE LÜGE Ende August 1950 anläuft, wird das schwache Drehbuch bemängelt, das durch Gustav Fröhlichs routinierte Regie wettgemacht werde. Ein Unterhaltungsfilm, bei dem allein Will Quadflieg in seiner ersten Nachkriegsrolle gut wegkommt. Über Sybille heißt es, sie verharre mehr im vorgegebenen Rahmen ihrer Rolle, als daß sie spiele. Vielleicht infolge des schwachen Buches?

Sybille dürfte diese Kritik kaum erreicht haben. Sie hat inzwischen einen weiteren Film abgedreht und steckt mitten in der Produktion zu ihrem nächsten – beides in München.

SENSATION IM SAVOY, eine Krimikomödie, in der sie verdächtigt wird, einen Bankier ermordet zu haben, worauf sie nach Paris flieht, ist allenfalls wegen seiner ungewöhnlichen Sets bemerkenswert: für Eduard von Borsodys Film wurde nicht nur das Pariser Savoy-Hotel in den Bavaria-Studios nachgebaut, für eine der Seine-Brücken mußte auch – leicht umdekoriert – die Münchner Ludwigsbrücke über die Isar herhalten. Um den bescheidenen Aufwand zu kompensieren, wurde, neben Sybille, eine Riege bewährter Namen engagiert: Paul Klinger, Karl

Schönböck, Harald Paulsen sowie, als spaßige Dreingabe, Beppo Brem und Adolf Gondrell. Doch abgesehen von einigen amüsanten Momenten bleibt der Film verworren und ohne Spannung. Natürlich erweist sich Sybille, für die anfangs alles als Täterin spricht, zuletzt als unschuldig, wird der wahre Mörder in Person eines falschen Maharadschas aus dem Hut gezaubert.

Eine falsche Baronin hat Sybille in KRONJUWELEN von Franz Cap zu mimen, der dann im Spätsommer 1950 entsteht. Scheinbar ohne es zu wissen, gelangt sie an die Kronjuwelen eines Phantasiestaates, dessen Regierung den Schmuck angesichts der Invasion fremder Truppen dem Juwelier Willroy (Hans Nielsen) anvertraut hatte.

Auf der Flucht versteckt Willroy den Schatz in einer Büste, für den die Baronin Modell stand, kann aber nicht verhindern, daß Büste samt Schatz in ihren Besitz kommt. Um die Edelsteine nicht aus dem Auge zu verlieren, hält er Kontakt zu Eva Skeravenen und verliebt sich in sie, muß aber bald feststellen, daß er ihren luxuriösen Lebensstil nicht finanzieren kann. Doch weil er ihr hörig wird, besorgt er das Geld durch Schmuggelgeschäfte. Und erfährt fast zu spät, daß seine Angebetete eine Gaunerin ist, die, nachdem die Invasoren weichen, mit den Kronjuwelen türmen will.

Nun ja. Was neben der bizarren Story an dem Film auffällt, ist das nicht weniger bizarre Verhältnis zwischen seinen beiden Hauptfiguren, das sich schon äußerlich manifestiert: Sybille erscheint – mal als Venus im Pelz, mal als Herrenreiterin mit Zylinder und Gerte – stets dominant. Der deutlich ältere Hans Nielsen dagegen wird von ihr zum devoten Diener und Zahlmeister abgerichtet, der sich an den Rand des Ruins bringt, um seiner Herrin zu gefallen. Die bedankt sich mit dem Bekenntnis, daß seine Nähe ihr schon immer zuwider gewesen sei. Als ob es damit nicht genug wäre, bestraft er sich darauf durch Selbstmord.

Filme wie KRONJUWELEN, mit unfreiwilliger sadomasochistischer Note neben der teils phantastischen teils kolportagehaften Story, sollten nicht mehr als unterhalten, Kasse machen und, für Sybille, ihren Namen wieder festigen; ebenso wie DIE LÜGE oder SENSATION IM SAVOY. Letzteres funktionierte aber nicht mehr so recht: trotz der forcierten Anstrengung in diesem Jahr, die mit einem Zugeständnis ans Kommerzkino verbunden war, blieb das erhoffte Comeback aus.

Sybille hat später auf die lausige Qualität dieser Filme verwiesen und als Grund für ihre langen Leinwandpausen die schlechten Stoffangebote genannt. Ihren guten Namen für Unterhaltungsfilme herzugeben, hätte sie eigentlich keine Überwindung kosten dürfen. Auch in den 30er und 40er Jahren gab es Vergleichbares, war sie sich nicht zu schade gewesen, in Belanglosigkeiten wie PUNKS KOMMT AUS AMERIKA, DIE LEUCHTER DES KAISERS oder DIE HOCHSTAPLERIN aufzutreten. Aber es gab eben auch FÄHRMANN MARIA, TANZ AUF DEM VULKAN oder HOTEL SACHER. Was ihre Situation im Vergleich zu damals unterschied, war ihr Alter, waren ihre Ansprüche.

Mit vierzig wünschte sie sich andere Herausforderungen als das übliche Repertoire an Salondamen oder Hochstaplerinnen. Jetzt sah sie, daß junge Gesichter gefragt waren, die nicht mehr an die untergegangene Ufa-Zeit erinnerten. Da half es wenig, daß Sybille nie wirklich zu den Film-Diven des Dritten Reichs gehört hatte.

Auch wenn sich die drei Filme des Jahres 1950 für sie finanziell rechneten: künstlerisch kam sie damit längst nicht auf ihre Kosten. Diese Ambitionen verwirklicht sie jetzt woanders, vor kleinem Publikum.

In der Schwabinger Elisabethstraße 34 befindet sich Beate von Molos Atelier-Theater, eine Studiobühne, auf der Stücke moderner europäischer Autoren präsentiert werden: Cocteau, Sartre, Anouilh, Maugham. Hier spielt Sybille im Oktober 1950 unter der Regie ihrer Freundin die Hauptrolle in Max Frischs »Als der Krieg zuende war«. Das Drama einer Frau, die nach dem Einmarsch der Russen in Berlin ihren Mann, einen ehemaligen Offizier, im Keller versteckt und sich aus dem Fenster stürzt, als rauskommt, daß er an Verbrechen der Wehrmacht beteiligt war, gab Sybille endlich mal wieder Gelegenheit zu zeigen, daß sie mehr einbringen konnte als eine dekorative Erscheinung.

Die Münchner *Abendzeitung* schreibt: »Sie hat eine großartige Szene mit Oberst Iwanoff, der die ›schöne Frau‹ zu sich in die Wohnung geladen hat, aber kein Wort deutsch versteht. Agnes erscheint – fest entschlossen, ihr Leben nicht mit Schande zu erkaufen. Wie ihre Worte an dem primitiven Klotz zerschellen, wie sie sich aus Angst und Todesgrauen verredet und zerredet, so daß am Ende nur noch ihr hilfloses, mutiges Dastehen für sie spricht, das hinterläßt einen tiefen Eindruck.«

»Zimmer 29« des 24jährigen Existenzialisten Guy Verdot folgt im Mai 1951. Der Inhalt: Zwei Menschen sterben, weil sie sich nicht mehr lieben. In einem schmierigen Pariser Hotelzimmer erschießt ein junger Mann seine lebensmüde Geliebte, nachdem sie ihm das falsche Geständnis gemacht hat, sie habe ihn immer schon betrogen. Anschließend richtet er sich selbst.

Eine ebenso flache wie kalte Konstruktion des jungen Autors, findet Fred Hepp in der *Süddeutschen Zeitung*. Wenn das Stück »dennoch in einzelnen Passagen fesselte, so ist dies vor allem Sybille Schmitz zu danken. Sie spielt die todessüchtige Frau aus einer völligen seelischen Ebbe heraus; Haß, Ekel und Lebensüberdruß spiegeln sich in ihrem Gesicht, einem ausgebrannten Krater ohne Herzensreflexe. Eine schöne Larve des Nichts, die selbst die Fähigkeit zur Verzweiflung verloren hat.«

Beate von Molo regiert ihr Theater mit harter Hand. Und Sybille pariert, rührt keinen Alkohol an. Beate von Molo: »Sie hat ihre Arbeit wahnsinnig ernstgenommen. Es kam nicht ein einziges Mal vor, daß sie dabei getrunken hätte, da war sie eisern.« Anders an vorstellungsfreien Abenden.

An ihnen sieht man Beate und Sybille zu zweit oder mit ihrer notorischen Frauenclique durch Schwabinger Lokale ziehen. In der spießigen deutschen Nachkriegsgesellschaft ist dergleichen nicht selbstverständlich. Beate von Molo: »Hätte ich meinen Mann nicht im Hintergrund gehabt, wäre es skandalträchtig gewesen, wie Sybille und ich lebten. Aber er war mein Alibi.«

Andererseits herrscht in Schwabing, das in den fünfziger Jahren noch zu Recht als Künstlerviertel gilt, ein anderes Klima. In der einschlägigen Szene hat Sybille einen großen Namen. Beate von Molo: »Wenn wir auf Faschingsbällen oder so waren, haben sich die Tunten immer auf sie gestürzt, sie war eine Tuntenpäpstin vor dem Herrn, mir war das egal.«

Nicht egal ist es Beate, daß Sybille sich bei solchen Anlässen leicht vergißt. Überschwenglich und spendabel, wie man sie dann erlebt, wird sie sofort zum Mittelpunkt jeder Gesellschaft. Die mit ihr feiern und ihre stimulierende Art genießen, ahnen meist nicht, wie nahe sie dem Abgrund ist, wie leicht Weinseligkeit in Aggression und Gehässigkeit umschlagen kann.

Mit Maurice Teynac in *Illusion in Moll*, 1952

Beate, die Sybilles Alkoholkonsum ebenso strikt ablehnt wie Harald G. Petersson, gerät mit ihr darüber immer häufiger auseinander.

Sybille weiß das und flieht. Beate: »Wenn sie in eine ihrer Saufphasen fiel, ist sie weggerannt, tauchte tagelang unter. War sie wieder nüchtern, kam sie zurück.«

Irgendwann 1952 kehrt Sybille nicht mehr zurück, ist die Zeit zwischen ihr und Beate von Molo abgelaufen. Einen äußeren Grund gab es auch: Ende April muß Beate von Molo ihr rühriges Theater schließen, da bleibt nicht mal mehr die gemeinsame Arbeit.

Dafür bekommt Sybille im Sommer eine neue Herausforderung. Produziert von Erich Pommer und unter der Regie von Rudolf Jugert entsteht in Geiselgasteig und am Wörthersee ILLUSION IN MOLL. Ein Melo, das für die Filmschauspielerin Sybille Schmitz die stärkste Zäsur seit Kriegsende bringt: erstmals verkörpert sie eine Frau an der Schwelle zum Alter.

Und zum erstenmal muß sie vor zwei deutlich jüngeren Kollegen zurücktreten, mit deren Namen für den Film geworben wird. Hildegard Knef (26) und Hardy Krüger (24) vertreten die neue quasi unbelastete

Generation von Nachkriegsdeutschen. Bleibt für Sybille nur die Rolle einer Mutter.

Die steht zu Beginn des Films zwischen ihrem siechen Mann (Albrecht Schoenhals), dem die Ärzte nur noch wenige Monate geben und ihrem neunzehnjährigen Sohn (Hardy Krüger), der sich darauf vorbereitet, das Seehotel seiner Eltern zu übernehmen, das derzeit noch seine Mutter führt.

Als er entdeckt, daß ein französischer Jazzmusiker, der bei ihnen zu Gast ist, offen mit ihr flirtet, und darüber mit seinem Vater spricht, muß er sich aufklären lassen, daß Mütter manchmal auch nur Frauen sind. Zumal, wenn sie noch so gut aussehen wie Maria Alsbacher.

Ein Jahr später ist Werner Alsbacher tot, und seine Witwe engagiert ihren Sommerflirt Gidou (Maurice Teynac) fürs Hotel. Mit ihm hofft sie, ein wenig von dem Glück nachholen zu können, auf das sie jahrelang verzichten mußte. Verliebt wie sie ist, entgeht es Maria, daß der Franzose offenbar weniger an ihr als an ihrem Besitz interessiert ist. Doch Maria will davon nichts wissen, will sich überhaupt nichts vorschreiben lassen.

Auch von ihrem Sohn nicht, der sein Erbe bedroht sieht und die Mutter mit allen Mitteln davon abbringen will, den Charmeur zu heiraten, der längst auch mit anderen Frauen flirtet. Erst mit Hilfe seiner Freundin (Hildegard Knef) gelingt es Paul, seiner Mutter die Augen zu öffnen. Die Jungen setzen sich also durch, verjagen den Eindringling (der alle Klischees vom liederlichen gallischen Filou erfüllt) und stellen die Ordnung wieder her.

Damit demonstrieren sie: die Zeit der Schwärmereien ist vorbei. Sybille fügt sich und verzichtet. Traurig und verlassen sitzt sie vor einem Spiegel und schminkt sich ab, schminkt sich ihre Illusionen, ihre Jugend ab.

Neben seiner formalen Schönheit und raren künstlerischen Güte, die Friedrich Luft in der *Neuen Zeitung* lobte, vermittelt ILLUSION IN MOLL vor allem etwas vom restaurativen Geist der fünfziger Jahre. Auch während dieser Produktion scheinen Sybilles Probleme nicht existent: »Sie war von allen beteiligten Schauspielern die mit Abstand diszipliniertesteste«, erinnert sich Willy Egger, der als junger Aufnahmeleiter zu den Dreharbeiten stieß.

»Ihre jungen Kollegen – besonders die weiblichen – hingen ihre Starallüren raus und versagten dann häufig beim Drehen. Sybille dagegen war präzise, höflich und kollegial. Sie war eine Dame. Ich habe sie geliebt. Wir alle haben sie geliebt und respektiert.«

»BITTE NICHT WECKEN!«

Im Herbst 1952 gibt es für Sybille nochmal einen Aufbruch. Durch Beate von Molo hatte sie den Regisseur und Schauspieler Fritz Rémond kennengelernt, der in Frankfurt das Kleine Theater im Zoo betreibt.

Zusammen mit Rémond (und unter seiner Leitung) steht sie im Dezember in Jacques Devals »Heute nacht in Samarkand« auf der Bühne: Eine als arabisches Märchen getarnte Parabel über die vergebliche Flucht des Menschen vor sich selbst. Sybille spielt eine Raubtierdompteuse, die über ihrer ehrgeizigen Arbeit ihr Gefühlsleben vernachlässigt. Sie wird von zwei Männern begehrt, doch kann sich für keinen entscheiden.

Auch Kayam, der Magier (Fritz Rémond), liebt sie, und ermöglicht ihr einen Blick in die Zukunft. Aber in die Bilder vom gemeinsamen Glück mischt sich Kayams Vergangenheit, der er nicht entkommen kann, und bricht den Zauber. Mit Fritz Rémond ist Sybille bald auch privat liiert. Durch die neue Beziehung in einer neuen Stadt hofft sie, sich von ihrer aufreibenden Münchner Zeit erholen zu können. Doch in Sybilles Leben verhält es sich umgekehrt wie in ihrem aktuellen Stück: nicht ihren Partner, sondern sie holen die Schatten der Vergangenheit ein und setzen ihr zu.

Es ist nicht der Traummann, es ist eher eine Art Rettungsanker, den sie in Fritz Rémond findet. Der bullige, autoritäre Typ kann hart zulangen, wenn Sybille mal wieder aus dem Ruder läuft und zuviel getrunken hat. (Ob er ihr dabei wirklich einmal den Arm bricht, wie Verwandte vermuten, oder ob es nur ein Unfall war, bleibt ungeklärt.)

Die Verbindung zu Rémond scheint eher pragmatischer Natur. Eine Interessengemeinschaft, auf der Bühne wie im Bett. Ihre Auftritte in dem kleinen Frankfurter Theater füllen eine wie Sybille nicht aus. Sie reist viel herum und bemüht sich um neue Rollen – vergebens. Dabei boomt die deutsche Filmindustrie inzwischen wieder: wurden 1948 gerade mal 23 Spielfilme (in den Westzonen) produziert, so sind es 1953 schon 96. Sybille versteht nicht, daß da für sie nichts abfällt. Aber entweder findet sie die Angebote indiskutabel, oder aber die Produzenten setzen auf junge, unverbrauchte Gesichter.

Mit Bert Sotlar in *Das Haus an der Küste*, 1954

Im Spätsommer 1953 ist es endlich mal wieder soweit, akzeptiert sie eine Rolle an der Seite eines solchen unverbrauchten Gesichtes. In der deutsch-jugoslawischen Co-Produktion DAS HAUS AN DER KÜSTE spielt sie die Mutter einer jungen Frau, die den gleichen Mann wie sie liebt, ohne davon zu wissen. Hauptattraktion des Films, der in Dubrovnik entsteht, ist das 22jährige Starlett Nadja Regin.

Mit dabei: René Deltgen als Bösewicht und Gegenspieler Sybilles, dem sie, aufgrund früherer gemeinsamer Schmuggelgeschäfte, ausgeliefert ist. Auch als er sich an ihre Tochter ranmacht, die daraufhin flieht. Einziger Lichtblick für die verlassene Anna ist ein junger Arzt, der bald darauf als Untermieter bei ihr einzieht, und in den sie sich verliebt. Als ihre Tochter zurückkehrt, muß Anna entdecken, daß auch Marina den neuen Mitbewohner liebt, den sie unterwegs kennengelernt hatte. Mutter und Tochter haben ein Problem. Um so mehr, als die drei Bewohner des Hauses an der Küste auch noch das Ziel folgenschwerer Intrigen werden.

Ansonsten wirkt die Story dieses Melodrams mit seinen stilistischen Anklängen an den italienischen Neorealismus reichlich konstruiert und bleibt trotz einiger unerwarteter Wendungen flach. Am meisten beeindrucken noch die Bilder der dalmatinischen Adriaküste im harten Septemberlicht. Und Sybille, die einsam durch die Gänge ihres alten Hauses streift. Oder nachts einsam in ihrem Bett liegt und die Decke anstarrt, während sie die Tochter in den Armen ihres Geliebten weiß.

Sybille stirbt in diesem Film, der ihr letzter wird, gleich zweimal: einen (vorgetäuschten) Tod durch Ertrinken, und einen Unfalltod, der eigentlich Selbstmord ist, nachdem sie bei einem Streit mit ihrer Tochter durch eigenes Verschulden unter einen Zug gerät.

Als eine, die buchstäblich unter die Räder gekommen ist, tritt sie von der Leinwand ab. Nach Ende der Dreharbeiten möchte Rémond mit Sybille in Frankfurt »Die Kameliendame« inszenieren. Er setzt auf sie. »Heute nacht in Samarkand« lief in Frankfurt fünf Wochen vor ausverkauftem Haus. Doch es kommt anders.

Im Oktober erkrankt Sybille an einer Gesichtsneuralgie und läßt sich in München von einer Ärztin behandeln. Nachdem die starken Schmerzen angeblich durch Tabletten nicht besser werden, erhält sie das Morphium-Präparat Eukodal. In München hatte Sybille auch seit ihrem Weggang nach Frankfurt immer wieder Station gemacht: ihre Agentin wohnt hier, ebenso ihr Anwalt und Vermögensberater Dr. Wegler, in dessen Nachbarschaft sich die Praxis der Dr. Ursula Moritz befindet.

Die Tochter eines Architekten stammt wie Sybille aus dem Rheinland, hat während des Krieges in einem Heim für geistig behinderte Kinder gearbeitet und steht auf schöne Frauen. Sie selbst ist alles andere als das: ihr Gesicht wird von einer riesigen Nase verunstaltet, unter der sich ein Mund mit einem Hamstergebiß auftut. Ursula Moritz bietet Sybille ein kleines Zimmer in ihrer Wohnung an, in der sie auch praktiziert. Hier, im zweiten Stock des Hauses Karl-Theodor-Straße 25, beginnt im Herbst 1953 das letzte, dunkelste Kapitel in Sybilles Leben.

Es dauert nur wenige Wochen, bis Sybille Eukodalabhängig wird, was Ursula Moritz nicht davon abhält, ihr die Droge weiter zu verschreiben. Mehr als 160 Eukodal-Rezepte innerhalb eines Jahres für Sybille ausgestellt zu haben, gibt Dr. Ursula Moritz später offiziell zu. Wieviele Ampullen sie ihrer Patientin direkt verkauft hat, läßt sich nur erahnen.

Es müssen beträchtliche Mengen gewesen sein, die Frau Doktor zum Stückpreis von 50 Mark abgibt – legal beschafft, kostet eine Ampulle 50 Pfennig. Darüber wird Sybille bald unter massiven finanziellen Druck geraten.

Wie um sich gegen drohendes Unheil aufzubäumen, fährt sie nach Frankfurt und überzeugt Fritz Rémond, daß sie wieder fit ist.

Anfang Dezember findet in Rémonds Zoo-Theater die deutsche Erstaufführung von »Thérèse Raquin« statt: eine Bühnenfassung des gleichnamigen Romans von Emil Zola, bearbeitet durch Beate von Molo und Klaus Hüdepohl. Sybille spielt in dem naturalistischen Drama die Titelrolle, in dem es – nach Zolas Worten – »um menschliches Vieh« geht, und um Handlungen, die vom »Mißgeschick des Fleisches« diktiert werden. Die aus Nordafrika stammende Halbwaise Thérèse wächst bei ihrer Adoptivmutter Raquin auf, die sie dazu bringt, ihren blöde-verhätschelten Sohn zu heiraten. Als Laurent (Fritz Rémond), ein alter Freund des Hauses auftaucht, verliebt sich Thérèse in ihn und überredet ihn dazu, gemeinsam ihren verhaßten Ehemann zu beseitigen.

Nachdem dies bei einer Bootspartie gelungen ist, heiraten Thérèse und Laurent, doch statt des erhofften Glücks stellt sich schlechtes Gewissen ein, zerrüttet die Ehe und läßt die beiden durch Selbstmord enden.

»Man muß erlebt haben, wie Sybille Schmitz vom ersten Augenblick an die vulkanische, zitternde Erregung einer Verzweifelten mit auf die Bühne bringt und diesen höchsten Spannungsgrad seelischen Aufgewühltseins zwei Stunden mit unverminderter Intensität durchhält«, schrieb die *Rhein-Zeitung*: »Man war einem Schicksal ganz nahe gerückt.«

»Seltsam nur«, bemerkte der Kritiker der *Frankfurter Rundschau*, »daß sie sich ihre Stimme nicht ganz untertan zu machen vermag; immer knallt sie einige Grade zu hart in den Raum. Das Bannendste geschah zwischen ihr und Fritz Rémond nicht auf dem Bett und nicht in den Haßgesprächen der Stube, sondern in dem stillen Schluß, als das Lied aus ist.«

Zu einer der Vorstellungen lädt Sybille ihre Dürener Cousine Christel Jacobs nach Frankfurt ein. Anschließend treffen sich die beiden Frauen in einer Bar. Christel Jacobs ist erfolgreiche Unternehmerin –

also vermögend. Das weiß auch Sybille. Christel Jacobs: »Sie hatte rechts einen doppelten Cognac und links einen doppelten Cognac stehen und rauchte Kette. Sie wirkte müde und bedrückt. Wie schon vorher ging es auch in diesem Gespräch um ihre ständige Geldnot. Ich wußte, daß sie aus ihrer erfolgreichen Zeit einen großzügigen Lebensstil gewohnt war und jetzt offenbar nicht zurückschalten konnte. Andererseits war sie total freigebig, trennte sich von allem. Hatte sie z. B. einen wertvollen Gürtel an, der mir gefiel, fragte sie: willst du ihn haben?, zog ihn aus und schmiß ihn mir rüber. So war Sybille. Sie gab ihr Letztes.

Gegen halb zwei stand sie auf und verschwand verhältnismäßig lange auf der Toilette. Als sie zurückkam, war sie wie umgedreht: euphorisch, aufgekratzt. Da begriff ich, daß ihre Geldnot noch einen anderen Grund haben mußte.« Verdächtig optimistisch wirkt Sybille auch auf Teilnehmer eines Pressegesprächs, das nach einer Vorpremiere von DAS HAUS AN DER KÜSTE in Frankfurt stattfindet. »In Jugoslawien werde ich bald in einem halben Dutzend Filmen mitspielen – und dann habe ich neue Angebote aus Paris und Italien; phantastische Drehbücher.«

Tatsache ist, daß DAS HAUS AN DER KÜSTE nur unter Schwierigkeiten und mit einiger Verspätung in ausgewählte Kinos kommt. Und bald darauf wieder verschwunden ist. Tatsache ist auch, daß Fritz Rémond nach »Thérèse Raquin« keine neuen Inszenierungen mehr mit Sybille plant. Darüber zerbricht auch ihre private Partnerschaft.

Verbittert kehrt Sybille nach München zu Dr. Ursula Moritz zurück. Sie will das alles nicht wahrhaben: daß sie neben Alkohol- und Nikotin- jetzt auch noch massive Drogenprobleme hat, daß die Branche sie als Besetzungsrisiko und – seit dem letzten Flop – als Kassengift sieht, und daß Freunde sie fallenlassen. Dr. Ursula Moritz wird später zu ihrer Verteidigung sagen, daß auch sie lange nicht realisiert habe, wie schlimm es um ihre Untermieterin stand, die sie immer damit vertröstet habe, nach ihrem nächsten Filmvertrag eine Entziehungskur zu machen.

Doch der läßt auf sich warten. Indessen steigt Sybilles Bedarf an Eukodal auf bis zu 20 Ampullen täglich, die ihr Frau Doktor bedenkenlos verschreibt. Was ihre Patientin darüber hinaus braucht, läßt sie sich zum Stückpreis von inzwischen 80 Mark vergüten. (»Die Moritz ist ein Biest, die nimmt mich aus«, klagt Sybille gegenüber einem Freund.)

Um soviel Geld aufzubringen, plündert die Kranke ihre letzten Ersparnisse. Im Sommer 1954 befinden sich auf ihrem Konto noch 12 000 Mark – die Überreste ihrer Gage von DIE LETZTE NACHT. Ein halbes Jahr später ist sie mittellos. Was ihr an Relikten aus glanzvollen Zeiten noch geblieben ist (und nicht, wie ihr wertvoller Schmuck oder ihre Pelzmäntel, nach der Währungsreform verlorenging) wandert ins Leihhaus.

Regelmäßig pumpt sie telefonisch ihre Dürener Cousine an und erzählt von tollen Angeboten, die zur Entscheidung anstünden: »›Wenn das durchgeht mit meiner Rolle, hast du das Geld in drei Tagen zurück‹, sagte sie immer«. Doch davon möchte Christel Jacobs aus Prinzip nichts wissen. »Das war bei uns in der Familie ungeschriebenes Gesetz: man verleiht kein Geld. Entweder man verschenkt es, oder man gibt keins.« Sybille gegenüber tut sie immer ersteres.

In dieser Phase trifft Sybille in Köln auch ihren Bruder Fritz wieder, den sie seit Jahren nicht gesehen hat.

»Sie blieb aber nicht lange, sprach dabei nur davon, wieviel sie zu tun hätte, und verabschiedete sich bald mit dem Hinweis, sie müsse zu einer wichtigen Produktionsbesprechung in ein Hotel am Hauptbahnhof. Ich fuhr sie hin.«

»Jetzt hat mein kleiner Bruder schon ein Auto – und ich hab' keines mehr«, sagt der einst gefeierte Star mit leiser Ironie.

Später erfährt der Bruder, daß diese Besprechung nie stattfand, sondern Sybille gleich mit dem Zug nach Düren zu ihrer Cousine weiterfuhr – aus bekanntem Grund. Zu einem echten Termin kommt es dafür Ende Januar 1955. Der Regisseur Franz Antel und sein Produzent Erich von Neusser haben Sybille mit ihrer Agentin in ein Münchner Hotel bestellt, um ihre Rolle in der geplanten Oberst-Redl-Verfilmung SPIONAGE zu besprechen, die ihr für 12 000 Mark angeboten wurde.

Sybille läßt auf sich warten. Als sie endlich erscheint, erschrecken die Anwesenden: sie ist betrunken und verwahrlost, ein Schatten ihrer selbst, unfähig, einen zusammenhängenden Satz hervorzubringen. Antel bittet sie, am nächsten Tag erneut zu erscheinen, nüchtern. Das tut sie nicht. Es ist das zweite Mal innerhalb einer Woche, daß sich Sybilles Agentin Jovanovic mit ihr blamiert. Am 17. Januar erst mußte sie einen Vertrag auflösen, den sie für Sybille mit der CCC-Filmkunst Atze

Brauner geschlossen hatte. Es ging um Robert Siodmaks Verfilmung von Gerhard Hauptmanns »Die Ratten«, in der Sybille die Sidonie Knobbe, Mutter einer Berliner Göre, spielen sollte.

Brauner, der erfährt, daß Sybille unter Geldproblemen leidet, hatte ihr als Vorschuß einen Scheck über 3 000 Mark geschickt. Doch Sybille lehnt die Rolle nachträglich als »ungeeignet« für sie ab und überweist das Geld zurück. Wahrscheinlicher ist: im Gefühl ihres körperlichen und seelischen Verfalls schafft es Sybille einfach nicht mehr, zehn Drehtage (à 1 000 Mark) ohne Kollaps durchzuhalten.

Hierzu paßt ihr Auftritt in der Hotel-Lobby, auf den ihre Agentin schriftlich reagiert: »Als wir uns das letzte Mal sahen, warst Du in einem schrecklichen Zustand. Ich weiß nicht, was Du machst und wieso Du mit Deinen Nerven herunter bist. (...) Die ganze Branche spricht davon, daß Du irgendwelche Drogen zu Dir nimmst. Wenn Du in Deinem Beruf weiterkommen willst, dann bitten wir Dich in Deinem eigenen Interesse: fahre irgendwohin, um dich zu erholen, damit Du diesem Gerücht entgegentreten kannst.«

Das verspricht Sybille ihrer Agentin – um ihr zwei Tage später über ihren Anwalt Wegler fristlos zu kündigen.

Ein Schritt, mit dem sie ihren Rückzug vom Geschäft besiegelt. Ab jetzt ist sie wieder Privatperson. In den folgenden Wochen sieht man sie wie eine Hausfrau durch Schwabing laufen, mit Einkaufsnetz bei der Post anstehen, beim Gemüsemann. Sie trägt meist das gleiche: einen ausgeleierten Pullover und einen Waschbärmantel. Ihre schönen Kostüme hat sie versetzt.

Das hindert sie aber nicht daran, ihrer Modellschneiderin einen kostbaren Make-up-Koffer aus Krokoleder zu schenken. Eines Tages taucht sie in der Redaktion der *Abendzeitung* auf und schüttet einer Mitarbeiterin ihr Herz aus. Sie beklagt sich, von der Branche abgeschrieben zu sein, weil sie angeblich einen Nervenzusammenbruch hatte. Sie sei gekommen, um dieses Gerücht zu widerlegen. Und auf ihre letzte Absage anspielend: »Ich bin zu Unrecht in den Verdacht gekommen, hochmütig zu sein. Aber ich habe einen Ruf zu verlieren. Man hat mir zum Beispiel vorgeschlagen, daß ich in einem Film eine Bardame spielen soll. Ich habe nichts gegen Bardamen, aber ich bin nicht der richtige Typ dafür. Hinter solch einer Rolle müßte im Drehbuch ein

Schicksal stehen.« Sie beklagt die Phantasielosigkeit der Regisseure und schließt mit der bitteren Erkenntnis: »Für Frauen meiner Art ist kein Platz mehr im deutschen Film.«

Man bietet Sybille ein größeres Interview an, das an prominenter Stelle in der *Abendzeitung* erscheinen soll. Doch Sybille läßt nichts mehr von sich hören. Statt dessen vergräbt sie sich in ihrem Zimmer und leidet Qualen, wenn sie ihre tägliche Dosis Eukodal nicht bekommt, die ihr Dr. Ursula Moritz – mangels Bezahlung – immer unwilliger gibt. So macht sie sich vom Wohlwollen der Frau Doktor und ihrer Haushälterin Klara Schweikhardt restlos abhängig. Die beiden Frauen schirmen Sybille nach außen ab, kontrollieren ihre Anrufe und Besuche. »Sybille ist bei uns wie zu Hause gewesen«, sagt dazu später beschönigend-naiv die Haushälterin.

Was Sybille an Drogen fehlt, um ihren täglichen Sucht-Level zu halten, füllt sie durch Alkohol auf. Rastlos zieht sie nachts durch Schwabinger Lokale, frequentiert häufig die »Nachteule«, eine Künstlerkneipe in der Occamstraße, wo sie ein argloser Besucher erlebt hat: »Die Tür ging auf, und eine Frau kam herein, mit aschfahlem Gesicht. Der Wind hatte ihr dunkles Haar zerzaust, das in Strähnen runterhing. Sie beachtete niemanden, ging an die Bar und verlangte einen Gin. Gierig stürzte sie ihn hinunter. Noch einen zweiten und dritten. Dann verschwand sie wieder, ohne sich umzusehen. Wir saßen wie erstarrt, unfähig, weiter zu sprechen. Jemand riskierte die Frage, die alle anderen nicht auszusprechen wagten: ›War das die Schmitz?‹«

»Der Schmitz« werden inzwischen Angebote gemacht, auf Tourneeveranstaltungen durch die Bundesrepublik zu tingeln, um über Mode und Schönheitspflege zu sprechen. Doch trotz guter Bezahlung lehnt sie auch hier ab. »In meinem Zustand«, sagt sie, »kann ich das Publikum nicht mehr überzeugen.«

Ihre frühere Ufa-Kollegin Olga Tschechowa, die in München eine Kosmetik-Firma betreibt, bietet Sybille an, dies zu ändern. Sie lädt sie zu einer Gratisbehandlung ein, um ihr Äußeres wieder jünger und schöner erscheinen zu lassen.

Doch Sybille kommt nicht zum verabredeten Termin, sondern schickt einen kleinen Blumenstrauß mit einer Notiz: »Danke, daß Du mir helfen wolltest, aber mir ist nicht mehr zu helfen.«

Ähnlich illusionslos klingt, was sie einem Bekannten Anfang April 1955 anvertraut: »Die Scheinwerfer sind aus. Sie werden für mich nicht mehr angehen, das weiß ich. Die Angebote, die man mir jetzt macht, sind Angebote aus Mitleid. Das ist schlimmer als alles andere. Keiner sagt es mir ins Gesicht, aber ich weiß, was viele denken, wenn der Name Sybille Schmitz fällt. Sie denken: passé, erledigt!«

Etwa zur gleichen Zeit ruft Sybille wieder mal ihre Dürener Cousine an und bittet sie um 5 000 Mark. Doch dieses Mal macht sie keine Versprechungen, wann sie das Geld zurückzahlt. Inzwischen hat sie ihre letzte Perser-Brücke versetzt, und am Mittwoch vor Ostern schickt sie Harald Mannl, einen befreundeten Schauspieler, los, um ihren letzten Mantel ins Leihhaus zu bringen. Er bekommt 250 Mark dafür.

Am Karfreitag verwickelt Sybille ihre Vermieterin in ein Gespräch übers Sterben, will von ihr alles zum Thema wissen: wie ein Sterbender im Todeskampf aussieht, wie lange die Totenstarre anhält, usw. Auf die Frage von Frau Dr. Moritz, weshalb sie das interessiere, antwortet Sybille, sie brauche das für ein Drehbuch, an dem sie gerade schreibe. Arbeitstitel: »Der traurige Abschied«.

Dr. Ursula Moritz verreist über das lange Osterwochenende. Am Samstagabend kommen Harald Mannl und seine Frau zu Besuch. Sybille, die Mannl von SENSATION IM SAVOY und Beate von Molos Atelier-Theater kennt, schätzt den Kollegen, von dem es heißt, daß er gute Kontakte zur Ostberliner DEFA hat.

Sybille macht an diesem Abend einen ungewöhnlich gepflegten Eindruck. Zur sauberen weißen Strickjacke trägt sie einen Pepitarock und schwarze Wildlederslipper. Doch das Gespräch über potentielle Arbeitsmöglichkeiten in der DDR (wie sie Henny Porten realisiert hatte) entwickelt sich bald zu einem Dauermonolog Sybilles, der zu einer Generalabrechnung ihres Lebens gerät. Sie spricht über ihre größten Erfolge, über die Jahre mit Wysbar und Selpin. Sie blättert in einem Leitzordner mit alten Fotos aus FÄHRMANN MARIA oder HOTEL SACHER, mit Briefen von Kollegen und Freunden. Sie schwelgt in Erinnerungen über die gemeinsame Zeit im Atelier-Theater wie über eine längst vergangene Epoche.

Harald Mannl versucht, ihr ins Wort zu fallen, um endlich über ihre berufliche Zukunft zu sprechen und was er dafür tun kann, doch Sybille redet weiter, ist durch nichts mehr aufzuhalten. Um drei Uhr früh, nachdem die drei ein paar Flaschen Cognac und Sekt geleert haben, ist sie am Ende. Als die Mannls sich von Sybille verabschieden, verabreden sie, am Montag zu telefonieren.

Das Osterwochenende 1955 ist kalt und verregnet in München. Viele Bewohner haben die Stadt verlassen. Am Brenner stauen sich in diesem Jahr die Autos in Rekordlänge, die Interzonenzüge sind überfüllt.

Wer Zuhause geblieben ist, kann im Filmcasino EINE GLÜCKLICHE SCHEIDUNG erleben, im Marmorhaus DER FÖRSTER VOM SILBERWALD. Er kann sich in der *Süddeutschen Zeitung* von »Häfen der Sehnsucht« berichten lassen oder im Lokalteil die große Osterumfrage lesen: »So sind die jungen Leute von heute – wie lebt und was denkt die Jugend.«

Als Ursula Moritz am Dienstag, den 12. April, von ihrem Kurzurlaub zurückkehrt, findet sie vor Sybilles verschlossener Zimmertür ein Schild mit der Aufschrift: »Bitte nicht wecken!« Von Klara Schweikhardt erfährt sie, daß das Schild schon seit Montagmorgen vor der Tür hängt.

Als es auch am Nachmittag in Sybilles Zimmer still bleibt, rufen die beiden Frauen die Polizei. Die Beamten brechen die Tür auf und finden Sybille bewußtlos im Bett liegend, neben sich eine leere Flasche Cognac und je ein leeres Röhrchen der Schlafmittel »Luminal« und »Phanodorm«.

Ihr Atem kommt schwach und stoßweise. Sanitäter fahren die 45jährige ins nahegelegene Städtische Krankenhaus am Biederstein, wo sofort mit der Wiederbelebung begonnen wird. Vergeblich.

Am folgenden Morgen, den 13. April, um viertel vor neun, stirbt Sybille, ohne das Bewußtsein wiedererlangt zu haben.

DER TODESENGEL

Sybilles Tod löst einen Sturm im deutschen Blätterwald aus. Sämtliche deutsche Tageszeitungen berichten vom Selbstmord der bekannten Schauspielerin, der für einige »völlig überraschend« kommt und ihr plötzlich ein Maß an öffentlicher Aufmerksamkeit zuteil werden läßt, das ihr die letzten Jahre versagt war.

Die Schuldigen für die »Verzweiflungstat« Sybilles sind schnell ausgemacht: demnach wurde Sybille, wie die *Frankfurter Rundschau* schreibt, »von den Produzenten und Regisseuren des neuen deutschen Films, der auf Konfektion eingestellt ist und Dutzendgesichter vorzieht«, ihrem Publikum vorenthalten. »Sybille Schmitz scheiterte an der Backfischsucht des deutschen Films«, weiß auch die Münchner *Abendzeitung*, und eine andere Schlagzeile fragt: »Wird der Tod der Sybille Schmitz das Gewissen der Verantwortlichen aufrütteln?«

Das entspricht dem Tenor der Abschiedsbriefe, die in Sybilles Zimmer gefunden werden und in denen ein Kernsatz lautet: »Ich habe so versucht, wieder Anschluß zu finden, aber man kann mich nicht mehr brauchen.« Auf der Trauerfeier, die drei Tage nach Sybilles Tod auf dem Münchner Ostfriedhof stattfindet, werden ähnliche Töne angeschlagen. Mehr als tausend Menschen drängen sich in der Aussegnungshalle des Krematoriums, darunter Olga Tschechowa, Winnie Markus, Rudolf Vogel und Erich Pommer.

Erich Ebermayer, der sich zwei Jahrzehnte zuvor in seinem Tagebuch über Sybilles Starallüren mokiert hatte, spricht für die »Dachorganisation der deutschen Filmschaffenden«, deren Vizepräsident er inzwischen ist, vom »mahnenden Fanal« dieses Freitods für alle Verantwortlichen: »Wenn man nun endlich begreift, daß es nicht so weitergehen kann mit dem Raubbau an unseren künstlerisch reifsten Schauspielerinnen und Schauspielern, dann ist Sybille Schmitz im wahrsten Sinne des Wortes einen Opfertod für alle Künstler gestorben.«

Noch lange nach Schluß der Feier stehen Hunderte von Trauergästen in Grüppchen beisammen und diskutieren über Sybilles Selbstmord und dessen Motiv, das den meisten an diesem winterlichen Apriltag klar auf der Hand zu liegen scheint. Daß Sybille schwer suchtkrank war und auch an sich selbst scheiterte, wissen die wenigsten oder verdrängen es.

Erst in den folgenden Wochen sickern in der Presse Sybilles Alkohol- und Drogenprobleme durch, wuchern Spekulationen um ihren Selbstmord, die eine ältere Dame zur Tat schreiten lassen. »Einem inneren Zwang gehorchend« zieht im Sommer 1955 die 70jährige Schauspielerin Henriette Speidel in das freigewordene Untermietszimmer Sybilles, um den Hintergründen des Todes ihrer Kollegin auf die Spur zu kommen. Die selbsternannte Undercoveragentin gewinnt erst das Vertrauen der Haushälterin, dann der Ärztin und notiert heimlich ihre Beobachtungen.

Der neuen Bewohnerin fällt auf, daß es wochenlang keine Konsultationen bei Frau Doktor gibt, die offenbar keine geregelten Sprechzeiten kennt. Statt dessen rufen um so häufiger Patienten an oder kommen kurz vorbei, um vorbereitete Rezepte abzuholen, auf denen stets Opiate verordnet sind. Für manche Patienten liegen gleich zwei Verordnungen bereit, eine davon vordatiert, um die doppelte Drogenmenge erhalten zu können. (Gesetzlich zugelassen sind 10 Ampullen pro Rezept und Ausstellungstag.)

Als Henriette Speidel genug ermittelt hat, wendet sie sich ans Rauschgiftdezernat der Münchner Polizei und erstattet Anzeige. Daraufhin wird im Juli 1956 Dr. Ursula Moritz wegen Urkundenfälschung und fortgesetzter Verstöße gegen das Betäubungsmittelgesetz der Prozeß gemacht.

Gestützt auf die Aussagen der »Kronzeugin« Henriette Speidel, wird Ursula Moritz vorgeworfen, aus ihrer Praxis einen Drogenumschlagplatz gemacht zu haben. Als Beweisstücke werden fast 700 Opiumrezepte präsentiert, die die Ärztin innerhalb von zwei Jahren in medizinisch »nicht begründeten Fällen und in nicht zugelassenen Mengen« für ihre süchtige Klientel ausgestellt hat.

Obwohl es in dem Prozeß also nur unter anderem um Sybille geht, ist der Publikumsandrang so groß wie bei einer Filmpremiere zu ihrer besten Zeit. Schließlich muß der Verhandlungssaal gesperrt werden. Die erstaunte Öffentlichkeit erfährt, daß vor Sybilles Freitod in dem gleichen Zimmer bereits zwei Untermieter der Moritz auf mysteriöse Art umgekommen sind.

Sie erfährt auch, daß Frau Doktor ihrer angeblichen Freundin noch nach deren Tod DM 302 für Bettwäsche und Geschirr in Rechnung stellte, weil die alten Sachen von Sybille beschädigt worden waren.

»Sie hätten als Ärztin verhindern müssen, daß Sybille Schmitz in den Zustand geriet, in dem sie Selbstmord beging«, wirft Sybilles Anwalt Dr. Wegler der Angeklagten vor.

Doch der Vorwurf Henriette Speidels, die Ärztin habe sich unterlassener Hilfeleistung schuldig gemacht, weil sie Sybille sich selbst überließ, nachdem sie kein Geld mehr für Eukodal hatte, läßt sich nicht erhärten. (Christel Jacobs bestätigt, kurz nach Sybilles Tod noch 80 unbenutzte Ampullen in ihrem Sekretär gefunden zu haben, die sie offenbar von den 5000 Mark der Cousine gekauft hatte: »Wegen fehlender Drogen hätte sie sich nicht umbringen müssen.«)

Ursula Moritz gibt zu, Sybille monatelang Rezepte über große Mengen Eukodal ausgestellt zu haben. Das habe sie aber aus reiner »Gutmütigkeit« getan, um die Freundin von ihren Nervenschmerzen zu befreien. »Erst als ich sah, daß sie meine Hilfe immer mehr ausnutzt, bat ich sie, sich nach einer anderen Ärztin umzusehen.«

Ohne daß ihr persönliche Bereicherung nachgewiesen werden kann, wird Dr. Ursula Moritz zu vier Monaten Haft auf Bewährung verurteilt.

Es dauert lange, bis die öffentliche Erregung über die mysteriösen Begleitumstände von Sybilles Freitod abklingt. Die Kronzeugin Henriette Speidel gerät ins Zwielicht, als wegen Meineids gegen sie ermittelt wird. Außerdem wird sie zu einer fünfmonatigen Bewährungsstrafe verurteilt, weil sie die Haushälterin der Moritz um DM 200 geprellt hat.

Ermittelt wird auch gegen den Leiter des städtischen Gesundheitsamtes Dr. Paul Demmler, der die Moritz und andere Münchner Drogenärzte begünstigt haben soll. Ein Reporter der *Abendzeitung* verficht noch zwei Jahre später ernsthaft die These, der Tod der Sybille Schmitz werde sich als politische Verschwörung herausstellen.

So bleibt Sybille dem deutschen Publikum der 50er Jahre als das im Gedächtnis, was sie zu Lebzeiten als Schauspielerin am häufigsten verkörperte: die große Geheimnisvolle. Sybilles Freundin Beate von Molo erinnert sich lieber an ein Erlebnis aus ihrer gemeinsamen Zeit. Als sie einmal mit dem Nachtzug alleine nach Paris fahren mußte und die Tür zu ihrem Schlafwagenabteil öffnete, fand sie ihr Bett übersät mit Rosenblüten: »Das war Sybille.«

SYBILLE
SCHMITZ
* 2.12.1909
† 13.4.1955

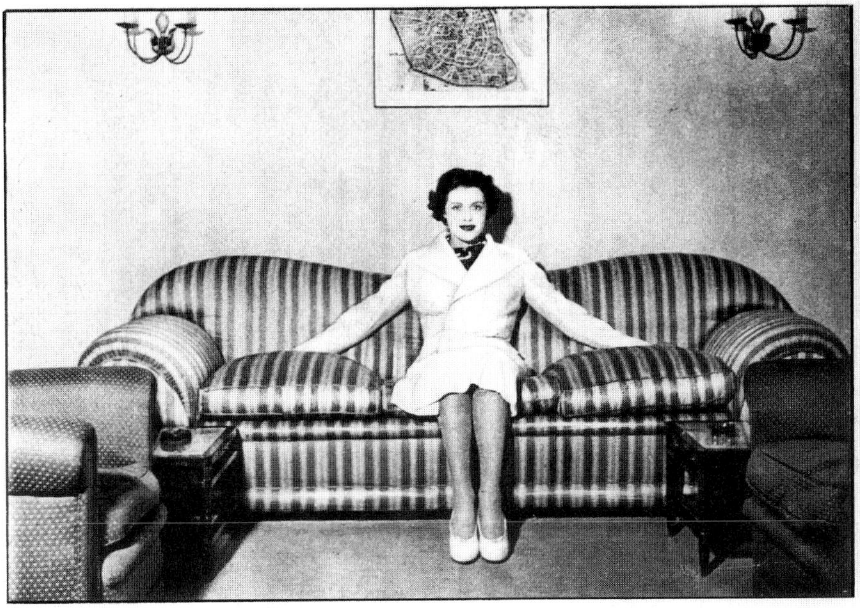

SYBILLE SCHMITZ

Phot.: Ickes

UNSER WÖCHENTLICHES INTERVIEW

SYBILLE SCHMITZ

Im Grunewald gibt es Straßen, die nicht so einfach zu finden sind, fern von jeder Straßenbahn- und Omnibus-Haltestelle, und auch Taxi-Chauffeure finden sie nicht gleich auf Anhieb, sondern fahren leicht erst ein bißchen in die Irre, besonders wenn so eine Straße ihren Namen gewechselt hat wie der Seebergsteig, der früher Dunckerstraße hieß.

Diese verschwiegene Straße mit ihren verträumt daliegenden Villen hatte es Sybille Schmitz angetan, nachdem sie jahrelang in der Gegend zwischen Prager und Nürnberger Platz gewohnt hatte, wo es viel Stein und wenig Grün, viel Autos und wenig Ruhe gab.

Hier aber haust sie nun oben unter dem Dach einer der alten Villen, und keine neugierigen Gegenüber, sondern nur alte Kiefern und Ulmen sehen ihr in die Fenster. Sie sehen in zwei schöne, große Räume, das Wohn- und das Speisezimmer — in ein etwas kleineres, das Schlafzimmer, und ferner in Badezimmer und Küche. Die letzteren beiden werden extra erwähnt, weil sie in Sybilles Dasein eine außerordentlich wichtige Rolle spielen. Ich bin noch nicht dazu gekommen, die Flaschen und Fläschchen, Dosen und Töpfe im Badezimmer zu zählen, aber es würde sicher eine stattliche Summe herauskommen.

„Schönheitspflege gehört zu unserm Beruf", erklärt Sybille — „aber das weiß ja heutzutage schon jedes Kind!"

Aber zu ihren „Ticks" oder „Hobbys", wie der Amerikaner sagt, gehört eine Leidenschaft für Wohlgerüche, für köstliche Parfüms und Essenzen, und sie behauptet, daß Parfüms sehr wesentlich und aufschlußreich in bezug auf die Menschen sind, die sie benutzen.

„Du wirst bemerkt haben, daß ein und dasselbe Parfüm bei zwei verschiedenen Frauen völlig anders riechen kann, je nachdem es sich mit dem natürlichen Duft der Haut verbindet. Diese ganze Welt der Wohlgerüche ist eine sehr merkwürdige — die Leute, die Parfüms destillieren, sind mir schon immer wie eine Art Magier vorgekommen, es ist eine geheimnisvolle Wissenschaft, die ja bekanntlich schon im Altertum in hoher Blüte stand — und es ist also gar nicht so kindisch, sich damit zu beschäftigen. Ich habe allerdings nicht den Ehrgeiz, selber Parfüms zu erfinden, aber ich „mixe" sehr gern, und ich habe herausgefunden, daß sich Stimmungen wesentlich durch bestimmte Parfüms beeinflussen lassen. Man sollte einmal eine Psychologie des Geruchs schreiben — so in der Art wie Brillat-Savarin eine „Psychologie des Geschmacks" geschrieben hat."

Das ist das Stichwort, um uns in die Küche zu begeben. Sybille gehört zu den geistigen Materialisten oder materialistischen Geistigen, die den Freuden der Tafel keineswegs abgeneigt sind, sondern sie im Gegenteil sehr zu schätzen wissen und die Kochkunst mit der Betonung auf der letzten Silbe verstanden sehen wollen.

Der bereits zitierte Brillat-Savarin, der Zeitgenosse Balzacs, der so manches Souper oder Diner mit ihm zusammengestellt hat, sagt einmal, daß der wahre Feinschmecker nur unter den Leuten von Geist zu finden sei und daß er die besten Kenner der Küche unter den Schriftstellern und Schauspielern gefunden habe. Und wenn wir uns überlegen, daß wir im Deutschen das Wort Geschmack ebenso für materielle wie für geistige Dinge anwenden, so wird uns manches klar. Zusammenhänge etwa zwischen einem Kalbssteak au four und einer Diskussion über Balzacs Frauengestalten und die Möglichkeit ihrer filmischen Darstellung — Balzac zum mindesten hätte diesen Zusammenhang ausgezeichnet verstanden und Sybilles Kenntnisse von den Ingredienzien einer guten Sauce oder dem „Bouquet" eines Weines ebenso zu würdigen gewußt wie ihre dadurch höchtsens befeuerte Erzählung eines Filmstoffes.

Sie gibt ihrer vortrefflichen, von allen Freunden des Hauses hochgeschätzten, Haushälterin einige sachkundige Anweisungen für das Abendessen. Gastlichkeit im eigenen Heim macht ihr genau soviel Freude wie das Zusammenstellen eines besonderen Menüs in einem guten Restaurant oder ein einfacher, handfester Imbiß an einem holzgescheuerten Tisch mit einem schäumenden Krug Bier. Der Genuß an diesen Dingen mag auch ein Erbteil ihres rheinischen Blutes sein, aus dem ihr Humor kommt, ihre Freude an Witz und Schlagfertigkeit, an fröhlichen Späßen und vergnügten Streichen, von denen ihre Kollegen und Freunde manches Lied zu singen wissen. Es ist der Humor des ernsten, um nicht zu sagen schwermütigen Menschen, als Gleichgewicht gegeben, als „Schwimmgürtel“ auf dem dunklen, wilden und ruhelosen Meer des Lebens.

Da wir heute einmal die „private“ Sybille betrachten, die so untrennbar ist von der „Künstlerin“, wie alles Menschliche, das sich im Künstlerischen sublimiert, so dürfen wir eines der wichtigsten Möbel ihrer Wohnung, den Plattenschrank, nicht vergessen. Wir haben schon einmal bei einem früheren Interview von ihrer Plattensammlung berichtet — sie hat sich inzwischen sehr erweitert, so daß ein Schrank notwendig wurde, der nun rund achthundert Grammophonplatten birgt, von Beethovens Klavierkonzerten und Chopins Etüden bis zu Lucienne

SYBILLE SCHMITZ

zu Hause

Oben: der Blick vom Balkon über die Grunewaldvillen hinweg

Unten: die berühmte Plattensammlung der Künstlerin

Phot.: Ick

SYBILLE SCHMITZ

vor ihrem Heim

in

Grunewald, Seebergsteig 6

Phot.: Ickes

Boyer und Jack Hilton. Schuberts „Unvollendete", ihre Lieblingsmusik, ist mehrmals vorhanden, von den verschiedensten Orchestern unter den berühmtesten Dirigenten gespielt. Sybille kann Stunden in dieser Musikecke zubringen, wo der prachtvolle Radio-Apparat die Platten zu schönster Klangwirkung bringt.

Ein nicht weniger wichtiger Schrank ist der Kleiderschrank.

„Was soll ich anziehen?" die am meisten gestellte Frauenfrage ist natürlich hier beim Photographiertwerden besonders aktuell.

„Ich fände, Ihr könntet mich ruhig auch mal in Shorts knipsen", sagt Sybille — „Shorts sind das beste Bekleidungsstück zum „Aalen" in Feld, Wald, Wiese und Haus. Feld, Wald und Wiese haben wir ja nun hier nicht — aber trotzdem ... und dann werfe ich mich auch in mehr königliche Gewänder, so à la Coronation — bloß mit einer Krone oder einem Diadem kann ich nicht dienen!"

Das verlangen wir auch gar nicht, wir sind zufrieden mit einigen schönen mantelartigen Gewändern oder gewandartigen Mänteln, die wirklich in der Linie und in dem Faltenwurf etwas Königliches haben — mit einem sommerlichen Hausanzug aus buntbesticktem Leinen und einem einfach eleganten weißen Kostüm, in dem sie uns dann bis hinunter zum Hauseingang begleitet. Nur der Hut muß abgesetzt werden — **Sybille** hat nämlich eine Vorliebe für Riesenhüte, die zwar sehr dekorativ sind, aber knapp ein Viertel des Gesichtes sehen lassen, und wir wollen ja keine Bilderrätsel bringen.

Photographieren und photographiertwerden ist nicht immer ein Vergnügen, bei Sybille macht es ihr und uns Spaß. Sie nimmt bereitwillig jede Pose ein, gleich uns darauf bedacht, daß es nicht als Pose wirkt, sondern als natürliche Haltung. Ab und zu fragt sie nur:

„Sieht das auch nicht zu albern aus? Aber so, wie ich hier auf dem Stuhl sitze, sitze ich wirklich manchmal. Es gibt Leute, die behaupten, die Armlehnen der Stühle seien nicht zum Draufsitzen da — meine sind extra dazu gemacht."

Der photographische Teil ist beendet. Im Badezimmer kann man sich die Hände waschen. Es riecht tatsächlich ungewöhnlich gut. Dabei fält mir die Geschichte ein, die Otto Wernicke erzählte: Als Sybille ihn einmal in München besucht hatte, kam seine kleine Tochter am nächsten Tag ins Zimmer und sagte verklärt mit tiefem Einatmen: „Es riecht nach Sybille!"

Edith Hamann.

Der pompejanische Spiegel

Photo Ickes

FILMOGRAPHIE SYBILLE SCHMITZ

TITEL

U: Uraufführung
P: Produktion
R: Regie
B: Buch
K: Kamera
M: Musik
D: Darsteller
L: Länge

FREIE FAHRT

U: 05. 12. 1928
P: Film- und Lichtbilddienst der SPD
R: Ernö Metzner
B: Max Barthel
K: Eduard von Borsody
D: Alexander Granach, Sybille Schmitz, Imre Raday, Eva Schmid-Kayser, u. a.
L: ca. 60 Min.

Die 18jährige als verhärmte Arbeiterfrau in einem Werbefilm der SPD. Der Name der Darstellerin »ist uns entfallen, aber zweifellos steht ihr eine große Zukunft bevor.« (*Close Up*)

POLIZEIBERICHT ÜBERFALL

U: ca. 04. 1929
P: Deutscher Werkfilm
R: Ernö Metzner
B: Ernö Metzner, Grace Chiang
K: Eduard von Borsody
D: Heinrich Gotho, Eva Schmid-Kayser, Alfred Loretto, Sybille Schmitz, Hans Ruys, Kurt Gerron, Hans Casparius, u. a.
L: ca. 20 Min.

Kurzauftritt als Kollegin einer Berliner Bordsteinschwalbe, die in einer Absteige mit ihrem Luden einen Kleinbürger ausraubt.

TAGEBUCH EINER VERLORENEN

U: 27.09.1929 (Wien), 14.10.1929 (Berlin)
P: G.W. Pabst Film
R: Georg Wilhelm Pabst
B: Rudolf Leonhard (nach dem Roman von Margarethe Böhme)
K: Sepp Allgeier
D: Josef Rovensky, Louise Brooks, Vera Pawlowa, Franziska Kinz, Fritz Rasp, Arnold Korff, André Roanne, Andrews Engelman, Valeska Gert, Edith Meinhard, Siegried Arno, Kurt Gerron, Sybille Schmitz, Martha von Kossatzky, Speedy Schlichter, u.a.
L: 95 Min.

Der Selbstmord des geschwängerten Dienstmädchens (SS) wird zum Menetekel für Thymian, die Apothekerstochter (Louise Brooks).

VAMPYR

U: 06. 05. 1932
P: C. T. Dreyer-Film/Tobis-Melofilm
R: Carl Theodor Dreyer
B: Christen Jul und C. T. Dreyer (frei nach »In a Glass Darkly« von J. Sheridan Le Fanu)
K: Rudolph Mathé, Louis Née
D: Julian West, Maurice Schutz, Rena Mandel, Sybille Schmitz, Jan Hieronimko, Henriette Gérard, Albert Bras, u. a.
L: 65 Min.

Ihr erster Tonfilm und darin, als geschwächtes Vampir-Opfer, ihre ersten Worte: »Ach könnt' ich doch sterben!«

F.P. 1 ANTWORTET NICHT

U: 22. 12. 1932
P: Ufa
R: Karl Hartl
B: Walter Reisch und Kurt Siodmak nach dem Roman von K. Siodmak
K: Günther Rittau, Konstantin Tschet, Otto Baecker
M: Allan Gray, Hans-Otto Borgmann
D: Hans Albers, Sybille Schmitz, Paul Hartmann, Peter Lorre, Hermann Speelmans, Paul Westermeier, Arthur Peiser, Gustav Püttjer, Hans Schneider, Georg August Koch, Werner Schott, Erik Ode, Rudolf Platte u. a.
L: 114 Min.

Ihr Durchbruch: in der aufwendigen Ufa-Produktion kann sie ihren androgynen Reiz ausspielen, als sie in schwerer Ledermontur zu einer Rettungsaktion auf die künstliche Ozeaninsel fliegt.

RIVALEN DER LUFT

U: 19. 01. 1934
P: Ufa
R: Frank Wysbar
B: Walter Forster
K: Hans Schneeberger
M: Herbert Windt, Franz Friedl
D: Hilde Gebühr, Sybille Schmitz, Wolfgang Liebeneiner, Claus Clausen, Guzzi Lantschner, Walter Groß, Werner Stock, Franz Zimmermann, Volker von Collande, Hans Henninger u. a.
L: 97 Min.

Hier ist sie zur Fluglehrerin aufgestiegen, die wegen eines Motorschadens notlanden muß und in eine Clique fröhlicher Segelflieger gerät.

MUSIK IM BLUT

U: 01. 08. 1934
P: Fanal-Film
R: Erich Waschneck
B: Erich Waschneck
K: Friedl Behn-Grund
M: Clemens Schmalstich
D: Hanna Waag, Sybille Schmitz, Wolfgang Liebeneiner, Leo Slezak, Walter Ladengast, Alexander Engel, Jans Junkermann, Willi Kaiser-Heyl, Ernst Behmer, Olga Engl, Trude Haefelin u. a.
L: 87 Min.

Milieufilm über Musikstudenten, der eine neue Seite Sybilles offenbart: sie kann im Film auch lachen.

DER HERR DER WELT

U: 11. 08. 1934
P: Ariel-Film
R: Harry Piel
B: Georg Mühlen-Schulte
K: Ewald Daub
M: Fritz Wenneis
D: Sybille Schmitz, Siegfried Schürenberg, Walter Franck, Walter Janssen, Aribert Wäscher, Willi Schur, Max Gülstorff, Otto Wernicke, Franz Weber, Hans Hermann Schaufuß, Gustav Püttjer u.a.
L: 110 Min.

Als junge Fabrikantenwitwe im Kampf gegen einen verrückten Professor und dessen bedrohliche Erfindung. Reminiszenz an »Dr. Mabuse« und »Metropolis«.

ABSCHIEDSWALZER

U: 04. 10. 1934
P: Boston-Film
R: Géza von Bolváry
B: Ernst Marischka
K: Werner Brandes
M: Alois Melichar
D: Wolfgang Liebeneiner, Hanna Waag, Sybille Schmitz, Hans Schlenck, Richard Romanowsky, Julia Serda, Gustav Waldau, Paul Henckels, Albert Hörrmann, Erna Morena, Margarethe Schön u.a.
L: 83 Min.

Ihre erste klassische Hosenrolle: George Sand. Eine Frau mit dem forschen Auftreten eines Mannes, die dem verkannten Fréderic Chopin zum Durchbruch verhilft.

OBERWACHTMEISTER SCHWENKE

U: 14. 01. 1935
P: Carl-Froelich-Film
R: Carl Froelich
B: Robert A. Stemmle, E. Freiherr von Spiegel
K: Emil Schünemann
M: Hansom Milde-Meßner
D: Gustav Fröhlich, Marianne Hoppe, Emmi Sonnemann, Walter Steinbeck, Karl Dannemann, Katja Bennefeld, Sybille Schmitz, Herbert Gernot, Claire Fuchs, Hugo Froelich, Harald Paulsen u. a.
L: 97 Min.

»Sybille Schmitz gibt das ostdeutsche Flüchtlingsmädchen und Opfer eines Betrügers mit entsagungsvoller Traurigkeit und Resignation.« (*Filmkurier*)

PUNKS KOMMT AUS AMERIKA

U: 25. 01. 1935
P: Robert-Neppach-Film
R: Karl Heinz Martin
B: Walter Jerven
K: Carl Drews
M: Werner Bochmann
D: Attila Hörbiger, Lien Deyers, Ralph Arthur Roberts, Sybille Schmitz, Oskar

Sima, Henry Lorenzen, Erika Glässner, George Boulanger, Maria Meißner, Josef Sieber, Edith Oß u. a.
L: 90 Min.
In einer komödiantischen Doppelrolle als falscher Prinz und emanzipierte Golfspielerin. »Die Leute denken schon, ich sei eine Sentimentale. Dabei lache ich für mein Leben gern.« (SS)

STRADIVARI
U: 26. 08. 1935
P: Boston-Film
R: Géza von Bolváry
B: Ernst Marischka
K: Werner Brandes
M: Alois Melichar
D: Gustav Fröhlich, Sybille Schmitz, Albrecht Schoenhals, Harald Paulsen, Hilde Krüger, Hans Leibelt, Aribert Wäscher, Theodor Loos, Edith Linn, Heinrich Schroth, Veit Harlan, Angelo Ferrari u. a.
L: 97 Min.
Eine Geige spielt Schicksal zwischen einer Italienerin (SS) und einem ungarischen Leutnant (Gustav Fröhlich), die der Erste Weltkrieg auseinanderreißt.

EIN IDEALER GATTE
U: 06. 09. 1935
P: Terra-Film
R: Herbert Selpin
B: Thea von Harbou (nach Oscar Wilde)
K: Emil Schünemann
M: Werner Bochmann
D: Karl Ludwig Diehl, Brigitte Helm, Georg Alexander, Annie Markart, Paul Henckels, Sybille Schmitz, Werner Scharf, Karl Dannemann, Heinz Förster-Ludwig, Karl Platen, Erich Walter u. a.
L: 85 Min.
Ihr unverhoffter Besuch bedroht die heile Welt einer englischen Lordschaft. Am Ende bricht ihre Überlegenheit zusammen.

WENN DIE MUSIK NICHT WÄR'
U: 26. 09. 1935
P: F.D.F.
R: Carmine Gallone
B: Lothar Mayring, Fred Andreas
K: Reimar Kuntze
M: Alois Melichar
D: Paul Hörbiger, Sybille Schmitz, Karin Hardt, Inis Rainer, Ida Wüst, Willi Schaeffers, Harry Hardt, Annemarie Steinsieck, Herta Worell, Josefine Dora, Emmy Wyda, Hubert von Meyerinck u.a.
L: 102 Min.
Lockerungsübung: als kapriziöse Ungarin verhilft sie einem glücklosen Klavierlehrer (Paul Hörbiger) zum Durchbruch.

ICH WAR JACK MORTIMER
U: 17. 10. 1935
P: Carl-Froelich-Film
R: Carl Froelich
B: Thea von Harbou, R. A. Stemmle
K: Raimar Kuntze
M: Harald Böhmelt
D: Adolf Wohlbrück, Marieluise Claudius, Sybille Schmitz, Eugen Klöpfer, Max Gülstorff, Hilde Hildebrand, Maria Loja, Heinz Salfner, Erich Fiedler, Adolf Essek, Aribert Grimmer u. a.
L: 85 Min.
Als unglücklich verheiratete Frau neben einem despotischen Dirigenten (Eugen Klöpfer). Wo bleibt ihr Geliebter so lange? Starke Szenen einer kaputten Ehe.

FÄHRMANN MARIA
U: 07. 01. 1936
P: Pallas-Film
R: Frank Wysbar
B: Hans Jürgen Nierentz, Frank Wysbar
K: Franz Weihmayr
M: Herbert Windt
D: Sybille Schmitz, Aribert Mog, Peter Voß, Carl de Vogt, Karl Platen, Eduard Wenck, Gerhard Bienert u. a.
L: 83 Min.
Moor-Epos: Eine Heimatlose, die ihren Geliebten rettet, indem sie mit dem Tod tanzt. Ein Gesicht, dessen »melancholische Insichgekehrtheit unendliche Sehnsucht vermittelt« (*Filmkurier*). Optisch ihr schönster Film.

DIE LEUCHTER DES KAISERS
U: 14. 02. 1936
P: Gloria-Film
R: Karl Hartl
B: Karl Hartl

K: Werner Brandes
M: Willy Schmidt-Gentner
D: Sybille Schmitz, Karl Ludwig Diehl, Friedl Czepa, Inge List, Anton Edthofer, Max Gülstorff, Johannes Heesters, Fritz Rasp, Heinrich Schroth, Fritz Imhoff, Robert Valberg u. a.
L: 91 Min.
Historischer Spionagefilm um eine »große, dunkle, gefährliche Russin« im Clinch mit Karl Ludwig Diehl, der sie zur »liebenden Frau« bekehrt.

DIE UNBEKANNTE
U: 12. 11. 1936
P: Paul-Film
R: Frank Wysbar
B: Reinhold Conrad Muschler, Frank Wysbar
K: Werner Bohne, Alexander von Lagorio
M: Hans-Otto Borgmann
D: Sybille Schmitz, Jean Galland, Ilse Abel, Aribert Mog, Edwin Jürgensen, Franz W. Schröder-Schrom, Lotte Spira, Karl Stepanek, Karl Platen, Karin Lüsebrink, Herbert Spalke, Charlie Kracker, Curd Jürgens u. a.
L: 94 Min.
Melo um den Abstieg einer ehrenwerten Frau, der kein Glück vergönnt ist. Modernisierte, eingedeutschte Version der »Unbekannten von der Seine«.

DIE KRONZEUGIN
U: 21. 04. 1937
P: F.D.F.
R: Georg Jacoby
B: Georg C. Klaren, Bernd Hofmann, Karl Lerbs
K: Robert Baberske
M: Walter Gronostay
D: Iwan Petrovich, Sybille Schmitz, Sabine Peters, Gustav Waldau, Elga Brink, Ursula Grabley, Ursula Herking, Rudolf Platte, Just Scheu, G.H. Schnell, Ernst Dumcke, Werner Pledath u. a.
L: 84 Min.
Eine Sängerin (SS) unter Verdacht: hat sie die Frau ihres Geliebten ermordet? Mix aus Krimi, Klamotte und Melo.

SIGNAL IN DER NACHT
U: 01. 10. 1937
P: Meteor-Film
R: Richard Schneider-Edenkoben
B: Fred Hildenbrandt
K: Karl Löb
M: Rudolf Perak
D: Sybille Schmitz, Inge List, Harald Paulsen, Hannes Stelzer, Curt Ackermann, Hans Leibelt, Hansgeorg Laubenthal, Julia Serda, Karl Stepanek, Ernst Waldow, Paul Bildt, Werner Pledath u. a.
L: 93 Min.
Eine Frau im Zwielicht: zwischen den Fronten des Ersten Weltkriegs soll die Österreicherin feindliche Soldaten in ihrem Schloß versteckt halten.

DIE UMWEGE DES SCHÖNEN KARL
U: 31. 01. 1938
P: Carl-Froelich-Film
R: Carl Froelich
B: Philipp Lothar Mayring, Jacob Geis, Harald Braun
K: Reimar Kuntze
M: Hansom Milde-Meißner
D: Heinz Rühmann, Karin Hardt, Sybille Schmitz, Ernst Legal, Paul Westermeier, Leo Peukert, Albert Florath, Margarete Kupfer, Paul Bildt, Claire Reigbert, Werner Finck, Carl Günther u. a.
L: 101 Min.
Ein Provinzkellner, der nach Berlin gekommen ist, rettet die verwöhnte Tochter eines Reichstagsabgeordneten (SS) vor einem Handtaschenräuber. Dafür verhilft sie ihm zu unverhofftem Aufstieg. Rühmann-Vehikel mit satirischen Seitenhieben auf »Systemzeit«.

TANZ AUF DEM VULKAN
U: 30. 11. 1938
P: Majestic-Film
R: Hans Steinhoff
B: Hans Rehberg, Peter Hagen
K: Ewald Daub
M: Theo Mackeben
D: Gustaf Gründgens, Sybille Schmitz, Gisela Uhlen, Ralph Arthur Roberts, Hans Leibelt, Theo Lingen, Erich Ziegel, Hadrian M. Netto, Will Dohm,

Elsa Wagner, Franz Weber, Paul Bildt u. a.
L: 86 Min.
Als Femme Fatal zwischen drei Männern. An intellektueller Schärfe und Schlagfertigkeit am ehesten dem Rebellen Debureau (G. Gründgens) ebenbürtig, dessen Liebe sie aber verrät.

HOTEL SACHER
U: 15. 03. 1939
P: Mondial-Film
R: Erich Engel
B: Stefan von Kamare, Friedrich Forster-Burggraf
K: Werner Bohne, Kurt Schulz
M: Willy Schmidt-Gentner
D: Sybille Schmitz, Willy Birgel, Wolf Albach-Retty, Elfie Mayerhofer, Hedwig Bleibtreu, Leo Peukert, Herbert Hübner, Karl Günther, Karl Stepanek, Olly Holzmann, Elfriede Datzig u. a.
L: 88 Min.
Silvester 1913 in Wien. Alte Rechnungen müssen beglichen werden, ehe das neue Jahr anbricht, das mit einem Toten beginnt, also nichts Gutes verheißt.

DIE FRAU OHNE VERGANGENHEIT
U: 18. 07. 1939
P: Euphono-Film
R: Nunzio Malasomma
B: Charles Klein, H.G. Petersson
K: Willy Winterstein
M: Hans Carste
D: Sybille Schmitz, Albrecht Schoenhals, Maria von Tasnady, Hans Leibelt, Bernhard Minetti, Hansi Arnstaedt, Paul Bildt, Hans Zesch-Ballot, Rudolf Schündler, Erwin Biegel, Dorit Kreysler u.. a.
L: 89 Min.
Frau verliert bei Autounfall ihr Gedächtnis. Wer ist sie, woher kommt sie? Kolportage mit kühnen Konstruktionen.

TRENCK, DER PANDUR
U: 23. 08. 1940
P: Tobis
R: Herbert Selpin
B: Walter Zerlett-Olfenius
K: Franz Koch
M: Franz Doelle
D: Hans Albers, Käthe Dorsch, Sybille Schmitz, Hilde Weißner, Peter Voß, Herbert Hübner, Elisabeth Flickenschildt, Hans Nielsen, Oscar Sima, Jaspar von Oertzen, Karl Fochler, Hubert von Meyerinck u. a.
L: 96 Min.
Als fröhlicher Side-Kick von Albers, der die Prinzessin, auf der Flucht vor einem Mann, den sie nicht liebt, in seinem Panduren-Regiment versteckt. Albers: »Wenn du nicht mein Kornett wärst, könnt' ich mich vergessen.«

CLARISSA
U: 08. 09. 1941
P: Aco-Film
R: Gerhard Lamprecht
B: Ela Elborg, Georg C. Klaren
K: Karl Hasselmann
M: Giuseppe Becce
D: Sybille Schmitz, Gustav Fröhlich, Gustav Dießl, Charlotte Radspieler, Werner Scharf, Julia Serda, Werner Stock, Erika Helmke, Edith Oß, Elga Brink, Albert Florath, Josefine Dora u. a.
L: 88 Min.
Milieufilm aus dem Alltag einer leitenden Bankangestellten – im Konflikt zwischen Dienstpflicht und privater Neigung.

WETTERLEUCHTEN UM BARBARA
U: 17. 10. 1941
P: Rolf-Randolf-Film
R: Werner Klingler
B: Hanns Saßmann, H.G. Petersson
K: Sepp Allgeier
M: Herbert Windt
D: Sybille Schmitz, Attila Hörbiger, Viktor Staal, Oscar Sima, Maria Koppenhöfer, Eduard Köck, Heinrich Heilinger, Georg Vogelsang, Maria Stadler, Leopold Esterle, Ilse Exl u. a.
L: 79 Min.
Die Eingeheiratete aus der Ebene legitimiert sich in einem Tiroler Bergdorf als unbeugsame Kämpferin für ein großdeutsches Reich. Apotheose auf den »Anschluß«.

VOM SCHICKSAL VERWEHT

U: 24. 07. 1942
P: F.D.F.
R: Nunzio Malasomma
B: H. G. Petersson, Rolf E. Vanloo
K: Georg Krause
M: Werner Bochmann
D: Sybille Schmitz, Albrecht Schoenhals, Rudolf Fernau, Hermann Speelmans, Heinz Salfner, Fritz Odemar, Alexander Engel, Carl Günther, Harry Hardt, Carl Heinz Peters, Hanni Weiße u. a.
L: 94 Min.

Tropen-Melo, gedreht in einem Sumpfgebiet bei Rom: Exotik und Abenteuer als kleine Flucht aus dem Kriegsalltag.

TITANIC

U: 10. 11. 1943 (Paris)
P: Tobis
R: Herbert Selpin, Werner Klingler
B: Walter Zerlett-Olfenius
K: Friedl Behn-Grund
M: Werner Eisbrenner
D: Sybille Schmitz, Kirsten Heiberg, Hans Nielsen, Ernst Fritz Fürbringer, Karl Schönböck, Charlotte Thiele, Otto Wernicke, Franz Schafheitlin, Theo Shall, Theodor Loos, G.H. Schnell, Sepp Rist, Monika Burg, Hans Leibelt, Fritz Genschow, W. P. Krüger u. a.
L: 90 Min.

Als reiche, vereinsamte Weltenbummlerin, der alles egal ist, als sie vom Verlust ihres Vermögens erfährt. Die aber dann im Untergang Größe beweist.

DIE HOCHSTAPLERIN

U: 07. 01. 1944
P: Tobis
R: Karl Anton
B: Harald G. Petersson
K: Eduard Hoesch
M: Franz Doelle, Franz Marszalek
D: Sybille Schmitz, Karl Ludwig Diehl, Will Dohm, Elsa Wagner, Fritz Wagner, Erich Fiedler, Hermann Pfeiffer, Hans Stiebner, Rudolf Schündler, Rella Marlo, Angelo Gerrari u. a.
L: 81 Min.

Auf Kollisionskurs mit Karl Ludwig Diehl in einer verworrenen Komödie. Ihr schwächster Film.

DAS LEBEN RUFT

U: 20. 12. 1944
P: Terra-Film
R: Arthur Maria Rabenalt
B: Otto Ernst Hesse (nach Max Halbe)
K: Igor Oberberg
M: Albert Fischer
D: Paul Klinger, Sybille Schmitz, Gerhild Weber, Otto Wernicke, Paul Henckels, Elsa Wagner, Arthur Schröder, Willi Rose, Waltraud Hahne, Carl Heinz Peters, Marlise Ludwig u. a.
L: 81 Min.

Eine emanzipierte Journalistin, Gegenbild der blonden, fruchtbaren »Vollfrau«, wie sie die Nazis propagierten, zieht der heilen Landwelt das Leben in der Großstadt vor.

ZWISCHEN GESTERN UND MORGEN

U: 11. 12. 1947
P: Neue Deutsche Filmgesellschaft
R: Harald Braun
B: Harald Braun, Herbert Witt
K: Günther Anders
M: Werner Eisbrenner
D: Viktor de Kowa, Winnie Markus, Viktor Staal, Willy Birgel, Sybille Schmitz, Hildegard Knef, Carsta Löck, Erich Ponto, Otto Wernicke, Adolf Gondrell, Walter Kiaulehn, Erhard Siedel, Alfons Kiechle, Rudolf Vogel, Axel Scholz, Karl Hanft, Alice Verden u.a.
L: 107 Min.

Rückblenden in der Ruine eines zerbombten Hotels: Eine Jüdin trennt sich von ihrem Mann, um ihm bei den Nazis keine Schwierigkeiten zu machen. »Ich werde so spielen, wie ich noch nie gespielt habe: in memoriam Nelly Dreyfuß« (SS).

DIE LETZTE NACHT

U: 11. 02. 1949
P: Real-Film
R: Eugen York
B: Otto Heinz Jahn, Harald G. Petersson
K: Willy Winterstein
M: Wolfgang Zeller
D: Sybille Schmitz, Karl John, Karl Heinz Schroth, Catja Görna, Margarete Haagen, Peter Mosbacher, Hermann

Schomberg, Josef Offenbach, Josef Sieber, Hans Richter, Franz Schafheitlin u. a.
L: 93 Min.
Zum Tode verurteilte französische Widerstandskämpferin entdeckt ihre Liebe zu einem deutschen Leutnant. Ein Hoch der Völkerfreundschaft.

DIE LÜGE
U: 11. 08. 1950
P: Junge Film-Union
R: Gustav Fröhlich
B: Gustav Fröhlich
K: Hans Schneeberger
M: Wolfgang Zeller
D: Sybille Schmitz, Cornell Borchers, Ewald Balser, Will Quadflieg, Hans Leibelt, Walter Franck, Otto Gebühr, Hans Paetsch, Rolf Moebius, Walter Ladengast
L: 87 Min.
Vernachlässigte Ehefrau sucht Abenteuer mit jungem Mann (Will Quadflieg). »Ein Unterhaltungsstück« (*Filmwoche*).

SENSATION IM SAVOY
U: 22. 09. 1950
P: Allegro-Film
R: Eduard von Borsody
B: Karl Georg Külb
K: Walter Pindter
M: Kurt Graunke
D: Sybille Schmitz, Paul Klinger, Karl Schönböck, Harald Paulsen, Ulrich Beiger, Hans Weicker, Adolf Gondrell, Karl Lieffen, Sammy Drechsel, Fritz Kampers, Heinz Fischer, Rudolf Schündler, Harald Mannl, Axel Scholtz, Aldo Roverselli, Beppo Brehm u. a.
L: 79 Min.
Als Mordverdächtige auf der Flucht nach Paris, wo sich ihre Unschuld herausstellt. Billige Krimikomödie.

KRONJUWELEN
U: 08. 12. 1950
P: Merkur-Film
R: Franz Kap
B: Johannes Cay, Franz Cap
K: Georg Krause
M: Bert Grund
D: Sybille Schmitz, Hans Nielsen, Kurt Kreuger, Herta Worell, Rolf von Nauckhoff, Annemarie Holtz, Wolfgang Büttner, Marina von Ditmar, John Pauls-Harding, Gerd Brüdern, Fritz Wagner, Ernst Fritz Fürbringer, Fritz Odemar, Alice Verden u. a.
L: 90 Min.
Falsche Baronin zockt Juwelier ab, den sie wegen seiner Hörigkeit zu ihr verachtet. Krimi mit sadomasochistischer Note.

ILLUSION IN MOLL
U: 08. 12. 1952
P: Eric-Pommer-Intercontinental-Film
R: Rudolf Jugert
B: Fritz Rotter
K: Vaclav Vich
M: Friedrich Meyer
D: Hildegard Knef, Hardy Krüger, Sybille Schmitz, Maurice Teynac, Albrecht Schoenhals, Herbert Hübner, Walter Janssen, Gaby Fehling, Nadja Tiller, Walter Breuer, Lina Carstens u. a.
L: 105 Min.
Verwitwete Hotelbesitzerin die sich in einen Filou verliebt, wird von ihren Kindern wieder auf den »rechten Weg« gebracht: Schmink' dir deine Jugend ab, Mutter!

DAS HAUS AN DER KÜSTE
U: 22. 01. 1954
P: Bosna-Film
R: Bosko Kosanovic
B: Norbert Kunze, Mesa Selimovic
K: Walter Partsch
M: Bojan Adamic
D: Sybille Schmitz, René Deltgen, Nadja Regin, Bert Sotlar, Manfred Inger, Eva Palmer, Milan Skrbinsek, Josip Zappalorto, Bozidar Drnic, Bogdan Bogdanovic, Blaco Nikolic u. a.
L: 97 Min.
Mutter (SS) und Tochter lieben den gleichen Mann. Schöne Aufnahmen der dalmatinischen Adriaküste. Und: Sybille stirbt ihren letzten Filmtod gleich doppelt.

INDEX

Der Bilderdienst der *Süddeutschen Zeitung* stellte uns freundlicherweise die Bilder auf den Seiten 2, 44, 71, 97 und 134 zur Verfügung. Das Bild auf Seite 112 stammt vom Deutschen Theatermuseum, München.

DANKSAGUNG

Ich danke folgenden Personen und Institutionen für ihre Hilfe

Michael Graf Wolff Metternich, der mir sein Sybille-Schmitz-Archiv zur Verfügung stellte und wertvolle Tips gab
Fritz Schmitz, der mir über Sybilles Kindheit und Jugend Auskunft gab, das Manuskript durchsah und private Fotos beisteuerte
Loy Arnold von der Transit-Film München
Johannes Beyer
Atze Brauner
Jean-Michel Briard
Bundesarchiv Berlin (ehemals Berlin Document Center)
Dillinger Franziskanerinnen Provinzialat Bamberg
Stadtarchiv Düren
Standesamt Düren
Dürener Zeitung
Willy Egger
Johanna Esser, Düren
Christian Fortmann
Bezirkskrankenhaus Haar und seinem Ärztlichen Direktor Prof. Dr. Dr. Wolfram Bender
Uwe Hensel
Marianne Hoppe
Christel Jacobs
Else Jonen
Björn Klimek
Gemeindeverwaltung Krimml
Stadtarchiv Lohr am Main
Friedrich-Wilhelm-Murnau-Stiftung
Winnie Markus
Beate und Conrad von Molo
Elisabeth von Molo und Wolfgang Burkhard
Dr. Michael Renner
Peter und Ingrid Rohe
Monika Rothmaier-Czudy
Heribert Schaack
Maria Schiel, Krimml
Jutta Schmitz, Berlin
Karl Schönböck
Matthias Schroeder
Paul Seiler
DER SPIEGEL
Werner Sudendorf
Ida Steger, Krimml
Stiftung deutsche Kinemathek
Theaterwissenschaftliche Sammlung der Universität Köln
Deutsches Theatermuseum München
Michael Töteberg
Gyula Trebitsch
Will Tremper
Erich Waco Wagner
Dr. Trude Weispfennig

LITERATUR

Arnold, Heinz Ludwig (Hg.): Rainer Werner Fassbinder (Text und Kritik Bd. 103) München o. J.

Bauer, Alfred: Deutscher Spielfilmalmanach 1929–1950. München 1976.

Beyer, Friedemann: Die Ufa-Stars im Dritten Reich. Frauen für Deutschland. München 1992.

Beyer, Friedemann: Die Gesichter der Ufa. München 1992.

Brüne, Klaus: Lexikon des internationalen Films. Hamburg 1987.

Cziffra, Géza von: Es war eine rauschende Ballnacht. Eine Sittengeschichte des deutschen Films. München.

Drewniak, Bogusław: Der deutsche Film 1938-1945. Düsseldorf 1987.

Ebermayer, Erich: »... und morgen die ganze Welt«. Erinnerungen an Deutschlands dunkle Zeit. Bayreuth 1966.

Fiedler, Leonhard M.: Max Reinhard in Selbstzeugnissen und Bilddokumenten. Hamburg 1975.

Freyermuth, Gundolf S.: Reise in die Verlorengegangenheit. Auf den Spuren deutscher Emigranten. Hamburg 1990.

Friedrich, Otto: Weltstadt Berlin. Größe und Untergang 1919-1933. München 1973.

Fröhlich, Elke (Hg.): Die Tagebücher des Joseph Goebbels. München 1987.

Herald, Heinz: Max Reinhardt. Bildnis eines Theatermannes. Hamburg 1953.

Hildenbrand, Fred: ... ich soll dich grüßen von Berlin. Berliner Erinnerungen ganz und gar unpolitisch. München 1966.

Huesmann, Heinrich: Welt Theater Reinhardt. München 1983.

Kakuwo (Wolter): Die Pappeln hinterm Siegestor. Pfaffenhofen 1969.

Klaus, Ulrich J.: Deutsche Tonfilme 1929–1945. Berlin 1988.

Kreimeier, Klaus: Die Ufa-Story. Geschichte eines Filmkonzerns. München 1992.

Lahnsteiner, Josef: Oberpinzgau. Von Krimml bis Kaprun. Salzburg 1956.

Prinzler, Hans Helmut: Chronik des deutschen Films 1895-1994. Stuttgart 1995.

Schebera, Jürgen: Damals im Romanischen Café ... Leipzig 1988.

Szatmári, Eugen: Berlin – was nicht im Baedecker steht. Berlin 1927.

Wehner, Josef Magnus: Vom Glanz und Elend deutscher Bühnen 1933–1941. Hamburg 1944.

Wendtland, Karlheinz: Geliebter Kintopp. Sämtliche deutsche Spielfilme von 1929-1945. Berlin o.J.

Werner, Paul: Die Skandalchronik des deutschen Films von 1900-1945. Frankfurt 1990.

Wulf, Joseph: Theater und Film im Dritten Reich. Frankfurt, Berlin, Wien 1983.

Fassbinders »Wirtschaftswunder-Trilogie« bei belleville

»In 1978 Fassbinder was lucky enough to find a pair of screenwriters, Peter Märthesheimer and Pea Fröhlich: The result of this collaboration was a trilogy - *Maria Braun* (1978), *Lola* (1981) and *Veronika Voss* (1982) - that blended movie melodramas with acerbic sociology, and revealed the curse behind the country's *economic miracle*.«
Richard Corliss in TIME (1982)

Peter Märthesheimer/Pea Fröhlich
Die Ehe der Maria Braun
Ein Drehbuch für Rainer Werner Fassbinder
Mit einem Text von Peter Märthesheimer und Fotos aus der Filmkopie von Gerhard Ullmann
Herausgegeben und mit einem Nachwort von Michael Töteberg
176 S, 17 Fotos - DM 28.-
ISBN 3-923646-58-5

Peter Märthesheimer/Pea Fröhlich
Lola
Ein Drehbuch für Rainer Werner Fassbinder
Mit einem Text von Peter Märthesheimer und Fotos aus der Filmkopie von Gerhard Ullmann
Herausgegeben und mit einem Nachwort von Michael Töteberg
152 S., 23 Fotos DM 28.-
ISBN 3-923646-59-3

Peter Märthesheimer/Pea Fröhlich
Die Sehnsucht der Veronika Voss
Ein Drehbuch für Rainer Werner Fassbinder
Mit einem Text von Peter Märthesheimer und Fotos aus der Filmkopie von Gerhard Ullmann
Herausgegeben und mit einem Nachwort von Michael Töteberg
139 S., 8 Fotos - DM 28.-
ISBN 3-923646-60-7

belleville Verlag Michael Farin - Hormayrstr. 15 - 80997 München

Heinz Rühmann
Ich bin ein Anhänger der Stille

Herausgegeben von Matthias Peipp und Bernhard Springer

»Über diesen schlendernden Deutschen haben Millionen gelacht, er hat sie getröstet (vom Guten und Bösen), abgelenkt, in sein Kunstparadies gelockt. Und wenn die Rühmann-Bewunderer wußten oder ahnten, daß da nicht über die volle und herb-reale Lebenswahrheit Komödie gespielt wurde, sondern bloß über einen Ausschnitt davon, in dem sehr eigene Gesetze herrschten, dann brauchen sie sich wahrscheinlich nicht zu genieren. Sondern sie sollten einem der großen Schauspieler des Jahrhunderts danken für den Trost, den er gab.«

Joachim Kaiser

Mit Originalbeiträgen von
August Everding, Artur Brauner, Liselotte Pulver, Gyula Trebitsch und Wim Wenders

Essays von
Fritz Aeckerle, Thomas Brandlmeier, Fritz Göttler, Hans Schmid und Joachim Kaiser

einer Lebenstafel, einer Filmographie und zahlreichen Bildern aus seinen Filmen.

159 Seiten, 32 Duotone-Tafeln und 34 Abbildungen
broschiert DM 38,–
ISBN 3-923646-53-4